평범한 사람들의
위대한 이야기

평범한 사람들의
위대한 이야기

평범한 사람들 저

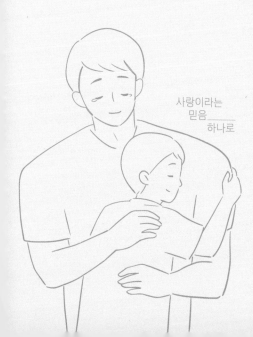

사랑이라는
믿음_____
하나로

평범한 사람들의 위대한 삶에 대한 이야기에 진한 감동의 눈물이 났다. 그리고 부끄러웠다. 낯선 이를 위해 헌혈을 하지 못한 내가 부끄러웠고, 배움터 지킴이 할아버지처럼 하찮게 여겨질 수 있는 일을 뜻깊은 일로 승화해 내는 삶을 통해, 같은 직장 생활을 하지만 하루하루 최선의 삶을 살아 내지 못하는 나 자신이 또한 부끄러웠다. 우리 주변에 흔히 있는 아홉 명의 평범한 영웅들의 이야기 속에서 아직 우리 사회가 사람 냄새 물씬 풍기는 정말 살 만한 세상이라는 생각에 가슴이 벅차다. 아무리 세대가 흉악해 졌다 해도 이렇듯 따뜻한 이웃이 많다는 사실은 우리들 가슴을 진정 따뜻하게 한다. 전혀 알지 못하는 사람을 위해 자원하여 헌혈한 우리들의 따뜻한 이웃들, 헌신적인 우리 시대의 남편 이야기, 낯선 이국땅 인도의 영혼을 섬기는 젊은 부부, 최선을 다한 평범한 직장 생활의 위대함을 삶으로 알려준 텃밭 가꾸는 배움터 지킴이 할아버지, 결벽증 아가씨를 따뜻하게 품어 주는 아래층 아주머니 부부, 5% 시력으로 세 자녀를 훌륭하게 키워내신 이 시대의 어머니들, 배려와 존중을 가르쳐 준 한문선생님, 중풍이라는 장애를 얻은 평범한 이 시대의 아버지들! 진정으로 당신은 이 시대의 영웅입니다.

구종희(대전국제통상고등학교 교사, 행복교육실천운동 부대표)

각박하고 자신만의 이익을 쫓아가는 이 세상을 살아가다 코로나-19를 만나 삶의 패턴마저 바뀌어버려 더욱 각박함과 인정이 메말라가고 있음을 느끼는 이 시기에 이 책을 보면서 아직 세상은 온기가 있고 희망이 있음을 보게 되었습니다. 감동과 희망이 담긴 이 책을 통해 힘듦 속에 있는 모든 분이 함께 삶의 희망을 찾는 시간이 되었으면 좋겠습니다.

안영애(교사)

KF94 없이 대면할 수 있었던 때에도 우리는 우리의 이웃이 누구인지 잘 알지 못했다. 솔직히 서로 관심이 없었다. 너무나 갑작스럽게 찾아온 비대면의 시대 한가운데서 이 책을 읽으며 얼굴이 붉어지는 이유는 카톡이나 줌도 좋은 수단이지만 얼굴과 얼굴을 맞대는 것만큼 내 이웃이 누구인지 잘 아는 방법은 없었다는 것이 더욱 절실히 깨달아졌기 때문일까. 아니면 지금 내가 행복하지 못한 아주 중요한 이유 중 한 가지가 이웃에 대한 무관심이었다는 것이 깨달아졌기 때문일까. 이웃을 만나고 싶은 충동을 주는 책. 행복의 열쇠와 같은 책이다.

장유진(공군 소령)

좋은 사람은 못 만나 괴롭고 나쁜 사람은 만나서 괴롭다고들 합니다. 좋은 사람은 그만큼 많지 않고 알리는 일도 쉽지 않은 것이 오늘날 현실입니다. 따뜻한 사랑, 믿음, 위로, 행복, 희망을 담은 "평범한 사람들의 위대한 이야기"가 독자들에게 선자가 악자를 구축하는 촉매제가 되었으면 합니다. 나쁜 사람을 선한 길로 인도하는 일에 앞장서는 우리 모두가 되도록 주님께 간절히 기도합니다.

정재곤 박사(한국교회법학회 사무국장)

기대하지 않은 채 읽었던 글. 하지만 너무 감동 받았던 글. 주차장으로 가는 길에 잠시 머리 식힐 겸 봤던 '첫 번째 이야기' 보자마자 눈물이 났습니다. 남의 일 같지 않은 생각. 저도 어머님이 병원에 있어 너무나 공감되는 이야기를 보고 따뜻한 사회에 살고 있음에 감사하였습니다. 이 글이 많은 분에게 동일한 위로와 감동이 되었으면 합니다.

김순덕(30대 직장인)

평범한 이웃들의 이야기가 가슴 따뜻하게 전해지면서 나도 주변에 따뜻한 온기를 나눌 수 있는 가치 있는 삶을 살아야겠다는 다짐을 해봅니다.

천영희(50대 직장인)

평범한 사람들의 위대한 이야기가 내가 아닌 다른 사람에게 시선을 돌리고 바라볼 수 있는 시간을 주었고, 나도 함께 하는 사람들에게 따뜻한 시선과 사랑을 전해주는 계기가 된 것 같습니다.

김학성(40대 목사)

목차

2019년 12월에 시작된 코로나-19사태로 우리는 평범한 일상을 이 상황이 아물 때까지 그리워하고 있습니다.

이 사태가 있기 전 몰랐던 평범한 일상들.

서로 담소를 나누고 위로와 사랑을 나누었던 시간 모두 그립고 그런 추억을 함께한 사람들이 고맙기도 합니다.

그러나 우리의 평범한 일상에서 벗어나 온라인 세상을 들여다보면 각종 매체 속에 그리고 각종 커뮤니티 속에 타인을 향한 비방과 분노가 가득 차 있는 것을 봅니다.

코로나-19로 사회적 거리 두기를 실천함에 따라 오프라인 세상 속의 따뜻한 사람보다는 온라인 속의 분노와 비방으로 가득 찬 사람들을 보면서 더욱 그 시절이 그리워졌습니다. 분명 같은 사람인데 온라인 세상과 오프라인 세상 다른 형태로 보일 것으로 생각하지만 안타깝게도 온라인 세상에서의 분노가 오프라인 세상으로 옮겨지는 것을 뉴스를 통해 들으면 우리 모두에게 위로가 참 필요하다는 것을 느꼈습니다.

그리고 생각합니다.
우리 사회가 정말 각박해가고 메말라 가고 있는지를.

그러나 저는 아직도 믿고 있습니다.
아직 우리 사회는 따뜻한 것을요.

뉴스를 통해 우리가 듣는 것은 특별한 경우이기에 나오는 것이고, 뉴스나 인터넷 매체에 자주 보이지는 않지만 늘 함께 있었던 고마운 우리 이웃들의 선한 행동들은 우리 주변에 항상 있었던 일이라 나오지 않는다는 것을요.

또한, 뉴스나 인터넷 매체에 나오는 사람들도 따뜻한 사랑과 위로가 필요하다는 것을. 그 사람을 조금만 더 알아가면 충분히 이해가 가는 말과 행동들이라는 것을.

그래서 『도서출판 선한이웃』은 위로가 필요한 많은 사람들에게 우리 이웃의 선한 이야기를 통해 따뜻한 온정의 손길을 내밀고 싶어 '평범한 사람들의 위대한 이야기'를 기획하였습니다. 이것은 내 주변의 이야기만이 아닌 전국에 있는 평범한 많은 사람의 이야기이기에 최대한 다양한 사람들의 선한 행동을 소개하고 싶어 공모전을 기획한 것입니다.

공모전은 2020년 6월 15일부터 7월 3일까지 총 3주간의 걸쳐 총상금 300만 원으로 진행하였습니다. 상금이 적어 참여가 저조할 것 같아 걱정했지만, 예상과 다르게 총 170여 명의 사람이 응모해주셨습니다. 생각보다 많은 인원이 참여하여 놀랐지만 한 사람 한 사람의 귀한 이야기를 소홀히 대할 수 없어 심사위원과 독자 1명을 모셔 심사를 진행하였습니다.

심사위원과 독자 1명이 참여하여 심사를 진행하여 총 10편의 글을 선정하였습니다.

이 중 한 편은 본인의 쓴 글에 허구적 이야기가 조금 가미되었다고 죄송하다는 이야기를 손수 연락해주셔서 그 한편을 고민 끝에 제외하여 9편만 선정하였습니다. 그래도 선한 양심으로 정직하게 이야기 해주신 그분께 참 감사함을 느꼈습니다. 그분의 선한 양심은 귀한 우리들의 삶을 윤택하게 만들어주셨습니다. 이 자리 빌어 다시 한번 감사의 말을 드립니다.

저는 심사위원과 독자 1명과 함께 공모한 모든 사람의 귀한 글을 읽으면서 큰 감동을 받았습니다. 우리 주변에 참 귀하고 감사한 선한 이웃이 참 많다는 것을 보고 이 세상에서의 삶이 감사하면서 행복하였습니다.

그래서 안타까웠습니다. 응모하신 분들의 귀한 글을 모두 책으로 내고 싶지만, 여건이 허락되지 않았습니다. 어쩔 수 없이 일부만 선정한 것이 아직도 못내 아쉽습니다.

그러나 여기에 있는 작품이든 선정되지 않은 작품이든 모두 귀하고 좋은 이야기임은 분명합니다.

그렇기에 작품을 선정(심사)할 때 독자들을 생각하면서 우리 주변의 따뜻한 이야기로 감동을 줄 만한 이야기가 무엇일지 고민하면서 선정된 글이 선정되지 않은 작품의 감동을 대변할 수 있도록 하는 글을 선정하였습니다.

그리고 총 9편의 글을 선정하여 순서대로 독자 여러분께 소개하려 합니다.

귀한 이야기를 통하여 따뜻한 세상에 살아가고 있는 우리 삶이 참 감사함을 느끼길 기원합니다.

"

우리들의 귀하고 소중한

선한 이웃의 이야기

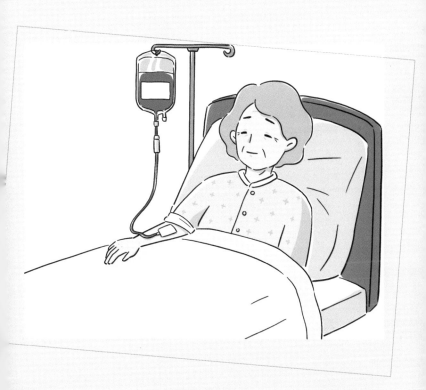

1

세상에서 가장
따뜻한 위로

66 . 채근담

선한 일을 하고 이익을 보지 않음은 풀 속에

난 동과와 같으니 모르는 가운데 절로 자란다.

세상 가장 따뜻한 위로

김훈미

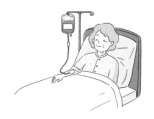

　　살다보면 누구에게나 헤어 나올 수 없을 만큼 힘든 시기가 한 번씩은 찾아온다. 삶의 거친 파도 앞에서 스스로의 힘으로 일어서기란 결코 쉽지 않다. 그럴 때 누군가의 관심과 배려는 큰 위로가 된다. 위로란, 상대의 마음을 진심으로 헤아려 보는 것이기 때문이다. 나 역시 휘청거리던 삶을 위로받은 적이 있다. 상대의 진심어린 관심과 응원은 큰 힘이 되었고, 오랜 시간이 지난 지금까지도 잔잔한 여운으로 남아 상처 입은 마음을 다독여 준다. 평온했던 일상에 시련이 닥쳐왔다. 아침까지 멀쩡했던 엄마가 갑작스럽게 심장 발작을 일으켰고, 응급실에 도착했을 즈음에는 심정지가 왔다. 가까스로 목숨은 다시 살려냈지만 심장 기능을 잃어 에크모를 달고 우리들 앞에 애처로운 모습을 드러냈다. 에크모는 심정지가 와서 인공호흡기로도 살리기 힘들 때 환자들이 기계에 의존해 호흡할 수 있도록 도와주는 기계다.

나는 의식이 돌아오지 않은 엄마의 바짓가랑이를 붙잡고 "엄마, 집에 가자."라고 울며불며 매달렸다. 하지만 생사의 고비를 넘나들며 온몸이 하얗게 질린 엄마는 아무런 반응이 없었다.

"백혈구여과제거 성분채집혈소판을 구해 오세요! 혈액 안에서 혈소판농축액만 선택적으로 뽑아낸 거라고 생각하시면 되요. 일반 수혈과는 다르게 채집하는데 대략 1시간 30분 정도 걸릴 거예요. 환자분한테 매일 혈소판을 넣어주어야 하는데, 혈액은행에도 A형 혈소판이 모자라고 저희 병원에도 부족해요. 앞으로는 환자 가족 분께서 직접 구해 오셔야 수혈을 원활하게 해드릴 수 있습니다."

간호사가 백혈구여과제거 성분채집혈소판을 구해 오라고 한 건 엄마가 중환자실에서 의식 없이 누워 있은 지 일주일 정도 지났을 때였다. 에크모의 기계적 특성상 혈소판이 환자에게

투과되지 못해 환자는 주기적으로 새 혈소판을 수혈받아야 했다. 설상가상으로 엄마는 혈소판과 적혈구를 따로 수혈받아야 할 정도로 그 수치가 매우 낮았던 상태였다.

"혈소판이 급하니까 꼭 지정 헌혈로 하세요. 다만 자식분들을 포함해서 4촌 이내까지는 헌혈하시면 안 됩니다. 혈족 간에 혈소판을 수혈받으면 혈관에 병이 생길 수 있거든요."

수혈을 받지 못하면 엄마의 생명이 위급할 수도 있다는 말에 넋 놓고 있을 수는 없었다. 지푸라기라도 잡는 심정으로 주변 친구들과 친척들에게 전화를 돌렸다. 가장 흔한 혈액형이라고 생각했던 A형은 생각보다 적었고, 그마저도 이런저런 상황 때문에 헌혈할 조건이 안 되거나 근무시간 때문에 보건소 문 닫는 시간을 맞출 수 없다는 답변이 돌아오기 일쑤였다. 일반 헌혈을 해준다는 사람은 여럿 있었지만, 엄마에게 필요한 혈소판의 양을 맞추기는 어려웠다. 나와 형제들은 감당할 수 없는 현실 앞에서 한동안 망연자실했다. '자식들이 엄마 한 명을 못 살리는구나.'하는 죄책감이 마음을 짓눌렀다. 그러던 차에 동생이 갑자기 무언가 떠올랐는지 말을 꺼냈다.

"내가 활동하고 있는 인터넷카페가 있는데 혹시 거기에 한 번 올려볼까? 누군기를 위해서 뭐든 나누자는 취지의 카페거든."

"카페? 에이, 주변에서도 해줄 사람이 없는데, 전혀 모르는 사람을 위해서 1시간 30분씩 투자해서 혈액 속의 혈소판을 채취해내는 헌혈을 해줄까? 아무리 나누는 카페라고 해도 모르는 사람 위해서 헌혈할 리가 없잖아."

동생은 반신반의한 마음으로 카페에 엄마의 사연과 혈소판 헌혈을 해줄 분이 필요하다는 글을 올렸다. 기대를 한 것은 아니지만, 휴대전화가 울릴 때마다 시선은 자동으로 동생에게로 향했다.

서너 시간쯤 지났을까.
실낱같은 희망이 문자로 타고 날아들었다.

서울에 사는 분이라며 어디로 가서 어떻게 하면 되는 거냐고 물었다. 처음엔 장난인가 싶었다. 문자로 전해지는 말투는 진지했지만, 얼굴 한번 본 적 없는 사람을 위해서 귀중한 시간을 내고 피를 뽑아준다는 게 믿기 힘들었다.

내가 동생을 대신해서 전화를 걸었다.

"저, 혹시 1시간 30분 정도 바늘을 꽂고 계셔야 한다는 내용은 카페에서 보셨나요? 잠깐 피 뽑는 게 아니라서 몸이 힘드실 수도 있는 건데 그래도 하실 수 있겠어요?"

"할 수 있으니까 문자를 한 거죠. 이런 일로 장난을 치는 사람도 있습니까? 그나저나 어머니는 상태가 좀 어떠신가요? 혈소판 수혈하면 나으실 수 있는 거죠?"

혈소판 헌혈 후 몸이 힘들 수도 있다는 말은 아예 관심 밖이라는 듯 오히려 엄마의 상태를 걱정해주는데 왈칵 눈물이 쏟아졌다. 감사함에 대한 눈물이었다. 잠시지만 만약 돈을 요구하면 얼마를 드려야 하나 고민했던 내 자신이 한없이 부끄러웠다. 진심으로 나눔을 실천하려는 분에게 나는 불신과 의심의 잣대를 들이댄 것이었다.

고맙다는 말만으로는 마음을 제대로 전달할 수 없었다.

휴대전화 너머로 나눔 천사에게 "엄마가 일반실로 옮기신 후 꼭 인사드리러 가겠다."라는 말과 함께 "도와주셔서 정말 감

세상에서 가장 따뜻한 책

사하다."라는 인사도 잊지 않았다. 전화를 끊고 형제들과 손을 맞잡고 기쁨을 함께 나누었다. 아무런 조건 없이 누군가를 도와줄 수 있고, 나눔을 할 수 있다는 것에 새삼 놀라울 뿐이었다.

안도의 한숨을 내쉬던 그 시간,
또 다른 문자가 날아들었다.

"혈소판 헌혈, 오늘 저녁에 할 수 있어요. 어머니 계신 병원이랑 성함 말씀해 주세요."

전화를 거니 수원에 사는 20대 초반의 대학생이라고 했다. 혈소판 헌혈에 관해 설명하려는 나에게 "설명 안 하셔도 잘 안다."라며 "3주 전에도 혈소판 헌혈을 했다."라고 말했다. 상황을 들어보니 성인이 된 후로 두 어 달에 한 번씩 주기적으로 잊지 않고 헌혈을 하는 것 같았다. 작은 도움이지만 자신이 가진 것들을 필요로 하는 사람에게 나눠주고 싶어서라고 했다. 그리고는 우리에게 "어머니가 빨리 회복하실 수 있도록 기도하겠다."라며 위로를 전했다. 동생보다 훨씬 더 어린 나이인데, 마음 씀씀이가 정말 어른스러웠다.

그날 밤,

이미 지칠 때로 지쳤는데도

이상하리만치 기분이 평온했다.

한 명 한 명 '나눔 천사'들의 따뜻한 목소리가 귓전을 맴도는 듯했다. 보호자실에서 나온 우리는 엄마가 누워있는 중환자실 유리 벽에 대고 말을 했다. 의식은 없지만, 엄마가 분명히 듣고 있을 거라 믿었다.

"엄마, 천사 같은 분들이 너무 많아. 다 엄마를 위해 조건 없이 혈소판을 헌혈해 주신대. 고마운 분들의 마음을 생각해서라도 꼭 일어나야 해, 엄마."

나눔과 베풂이라는 건 가진 것이 많아야 할 수 있는 거라고 믿던 때가 있었다.

나 역시 나중에 경제적으로 여유로워지면 봉사활동도 다니고 나누는 삶을 살자고 다짐하곤 했다. 빨리 꿈을 이루고 싶어 달음박질치기도 했지만 그럴수록 나눔은 나중으로 미뤄지곤 했다. 하지만 엄마 일을 겪으면서 생각이 많이 달라졌다. 무엇을 가졌든, 얼마를 가졌든 상관없이 나누려는 진심 어린 마음 하나만 있으면 누구나 충분히 할 수 있는 일이라는 생각이 들었다.

그동안 나는 사람들과의 관계에서 이익과 손해를 저울질해가며 살아왔다. 조금도 손해를 보지 않으려는 각박한 내 마음이 스스로 세상살이를 더욱 버겁고 힘들게 만들었다. 아름답고 여유로운 삶이란 자신의 것을 타인과 나눌 때 비로소 완성된다는 것을 이번 일을 통해 깨닫게 됐다. 누군가의 나눔이 어디에선가는 생명을 살리는 힘이 되고, 또 다른 누군가에게는 인생을 힘내서 살아가야 할 이유가 되기도 한다. 우리 가족에게 나눔의 희망을 몸소 보여주었던 나눔 천사를 떠올리며, 나도 평생에 걸쳐 나눔을 실천해야 한다는 것을 다시 한번 가슴에 새겼다. 그분들은 내 인생에 방향 등이 되어준, 닮고 싶은 사람들이다.

그 후 엄마는 우리 곁을 훌쩍 떠나갔지만,
진심으로 타인을 위해 자신의 것을 아낌없이 내어놓는 나눔 천사들은 엄마를 살린 것과 다름이 없다. 사람들의 진심 어린 나눔은 우리에게 세상 가장 따뜻한 위로였다.

2

사랑이라는
믿음 하나로

66 하니(CCM가수)의 '행복' 가사

화려하지 않아도 정결하게 사는 삶

가진 것이 적어도 감사하며 사는 삶

내게 주신 작은 힘 나눠주며 사는 삶

이것이 나의 삶의 행복이라오

사랑이라는 믿음 하나로

임종진

1년 전 오늘.

나는 홀로 계신 어머니를 무거운 마음으로 떠나오게 되었다. 나의 마음을 글로 쓰려고 하니... 고국에 계신 어머니가 너무 보고 싶다.

사랑하는 어머니의 그 사랑이... 참으로 그립다.

인도땅에서의 삶이 평범한 일상이 되기까지 정말 힘이 들었다. 난생처음 뜨거운 드라이기 열기가 사방에서 불어오는 47

도의 날씨를 경험하게 되었고, 이 뜨거운 더위는 상상했던 것 이상으로 삶을 무기력하게 만들었다. 또한 현지인들과 살아가면서 삶의 대화 속에서도 길을 걷다가도 마치 무인도에 혼자 외로이 서 있는 듯한 느낌을 받곤 했다. 아무리 들어도 들리지 않는 현지 언어(힌디)의 답답함을 오늘도 더위와 함께 경험하고 있다.

지난 한국에서의 나의 삶은 수많은 선택과 결정 앞에 걱정과 두려움이 앞섰다. 너무나 부족하고 자신감 없는 나 자신 뿐이였던 삶이였다. 그러나 오늘 나는 내게 주신 믿음 하나로 한국 땅의 모든 것에서 떠나왔다. 어떤 이들은 왜 떠나야만 하냐고 물었고, 가야만 하는 이유를 들은 이들은 꼭 그 나라(인도)이어야 하냐고 물었다.

하지만 그 누구에게 이야기하지 않아도 내 안에는 그 땅을 향한 사랑이 가득했다.

떠난 이유는 단 하나.
사랑 때문이다.

우리들의 귀하고 소중한 선한 이웃의 이야기

누군가를 사랑하기 위해...
사랑하는 누군가를 떠나와야 했던
이 마음을 누가 알 수 있으리요...

그래서 '사랑'이라는 믿음 하나로
오늘도 나는 인도 땅에서 살아가고 있다.
코로나-19 상황 가운데 사랑...
지금이 바로 '사랑'이 가장 필요할 시기가 아닐까...

나에게도 그 누군가에게도 사랑에 목말라 그 사랑을 찾아 헤매고 있지는 않을까? 그 사랑은 어디에서 찾을 수 있을까?

그 누군가를 위해 희생하고 헌신하는 것이 진정한 사랑임을 성인이 된 이후 '떠남의 삶'을 통해 조금씩 깨닫게 되었다. '떠남의 삶'은 처음이나 지금이나 익숙하지만은 않다. 그러나 평범한 일상 속에서 떠나고 때론 떠나보내는 훈련이 계속 되었다. 그 훈련들이 자의적이든 타의적이든 나의 선택과 함께 경험되어지면서 평범한 일상에서 오는 그 감사함이 나를 위해 희생한 분의 감사함으로 대체 되어갔다.

나에게 있어 가장 큰 떠남은 사랑하는 아버지를 천국으로 떠나보내야만 했을 때이다. 오직 믿음으로 교회와 가정을 돌보시며 일곱식구 4남매의 전부가 되어주셨던 아버지...

그 따뜻한 사랑을 평생 잊혀지지도 않는다.

그러기에 나는 분명 아버지를 떠나보냈지만,
내 안의 아버지의 사랑이 지금도 여전히 나와 함께 있다.
아버지의 떠남은 나에게 가장 의미 있는 떠남이었다.

나의 인생이 단 한 번뿐임을 깨닫게 되었고,
그 인생이 얼마남지 않았음을...
비로소 떠나야만 떠남의 의미를 알 수 있다는 것을...

아버지의 69년의 마지막 생을 통해 몸소 느끼고 깨닫게 되었다. 그 이후로 나는 떠남을 통해 누군가에게 찾아가 사랑을 전하고 싶었다. 평생 함께할 수 없지만, 나의 단 한 번뿐인 인생의 한순간만이라도 사랑이 필요한 곳에서 함께 울고 함께 사랑을 나누게 되었다. 그 '사랑'을 전하면 전할수록 그 사랑이 더해지고 내 삶에 기쁨·평안·소망으로 가득차게 되었다.

나는 평범한 일상속에서
사랑으로 믿음을... 믿음으로 사랑을...
표현하고 고백하게 되었다.

그리고 '사랑'이 가장 필요한 곳에 나를 보내 달라고 기도했
다. 어떤 곳이라도 사랑이 필요한 그 곳에 나의 발걸음을 옮
기고 싶었다. 기도를 드리는 중 나는 너무 생생하게 한 장면이
떠올랐다.

내가 처음 인도 땅을 갔었던 서른 살 때.

차디찬 콘크리트 바닥의 갓난아기가 울고 있었던 모습이 떠올
랐다. 정말 그 아이를 위해 무언가 해주고 싶었다. 그러나 나
자신은 아무것도 할 수 없었다. 너무 안타깝고 불쌍해서 눈물
로 저 아이를 정말 돕고 싶다고 고백했고 다시 오리라고 다짐
했었다. 이 장면이 생각나 사랑을 전하는 하나님의 도구가 되
어지기를 원한다는 기도를 올려드렸다.

옮기고 싶었던 그 발걸음이 바로 인도였다.

2011년

인도 땅을 처음 밟았던
그때가 아직도 생생합니다.

차디찬 콘크리트 바닥에 누워있는
우는 갓난 아기의 모습을 바라보며
너무 불쌍해서 울었습니다.

미안한게 없는데 미안했고
부끄러울 것이 없는데 부끄러웠습니다.

그들은 제게 돈을 원했지만
분명 사랑을 원하고 있었습니다.

한 영혼을 향한 당신의 사랑을
눈물과 함께 부어주셨던
그때가 아직도 생생합니다.

너무 사랑을 전하고 싶어서
울었던 숱한 날들로 인해
이제는 이렇게 인도땅에서
이들과 함께 생생하게 살아갑니다.

인생의 마지막 날에
내가 얼마나 힘들고 고생했는가를
이야기하는 것이 아닌

내 삶 속에 담겨진
하나님이 하신 일들을
사랑으로 전하게 되는 그날을
생생하게 그려봅니다.

한 영혼을 향한 당신의 마음 되어...

내가 사랑하는 인도는 지금 코로나-19로 인해 봉쇄령이 내려졌다. 세계 최대인 동시에 세계에서 가장 치명적이 봉쇄령이다. 13억 8천 명을 집에 묶어두는 세계 최대의 전국 봉쇄(Lock down)조치가 계속되고 있다. 모든 교육기관, 상점, 회사, 교통수단 등 모든 것이 중단되었다.

인도에 와서 인도 땅을 밟지 못한다는 상상을 해본적 없었다. 평범한 일상이 멈추었고, 인도를 바라볼 수밖에 없었다.

인구의 3분의 1이 빈곤층으로 이들 대부분은 하루라도 일을 하지 않으면 먹고 살 수 없는 일용직 노동자들이다. 때문에 인도의 봉쇄령은 빈곤층에게 더욱 가혹하다. 의료시스템이 열악하여 병원조차 갈 수 없는 상황과 당장 먹을 게 없는 극빈층에게 대책 없는 봉쇄령은 고문과 같다. 모든 일자리는 사라졌고 교통수단이 폐쇄되자 수백만 명의 노동자들이 봉쇄된 도시를 떠나 고향으로 걸어서 이동하였고, 중부 인도에서는 대규모 시위가 일어났으며, 강력한 봉쇄에 굶고 버티던 수만 명의 일용직 노동자들이 폭동을 일으키기도 하며 거리에 나오지 못하게 하는 경찰들과 충돌하여 시위를 벌이며 인명피해 또한 있다.

어떻게 살아가야 할지 여전히 막막하지만 내 힘으로 어찌할 수 없는 지금 이 순간에도 사랑은 전해지고 있고 전해져야만 한다.

나는 오늘 해맑은 한 아이에게 마스크를 쓰여주었다.
나의 작은 행동이 사랑으로 전해졌으면 좋겠다.

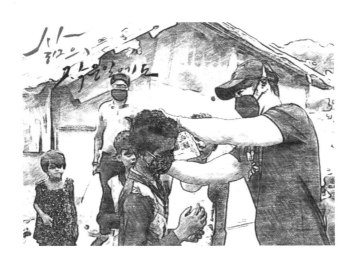

나에게는 작은 소원이 있다.
삶의 작은 일에도 그 마음을 알기 원한다.
'사랑이라는 믿음 하나로' 떠나왔던 나의 삶이 이들과 함께 하는 평범한 일상 속에서 사랑의 온기가 온전히 전해지길...

세상에서 가장 따뜻한 거짓

매일 살아가는 은혜 속에서
저의 부족함과 연약함을
보게 하시니 감사합니다.

지금,
이 순간에 감사할 수 있고
이 순간이 내가 살아있음으로 인해
살아있는 모든 것에 감사할 수 있음에

참, 감사를 드립니다.

나의 열정이 아닌
당신의 인도하심 따라
이루려는 마음보다는
순종의 마음으로 사랑하게 하시고
혼자가 아님을 기억하며

어제와 오늘,
그리고 내일을

당신의 손에 맡기오니
사랑으로 감싸 주시옵소서.

끝까지 하나님께서 주신
'사랑이라는 믿음 하나로'
함께 살아가게 하옵소서.

3

나에게 행복을
주는 사람

생텍쥐베리

사랑은 서로 마주 보는 것이 아니라

둘이서 똑같은 방향을 내다보는 것이라고

인생은 우리에게 가르쳐 주었다.

내게 행복을 주는 사람

김경진

      살면서 내게 따뜻한 위로를 건네준 고마운 사람들이 참 많았다. 그 중에서도 푸석푸석한 내 일상에 삶의 온기와 생명력을 불어넣어준 고마운 사람이 있다. 바로 내 곁에서 늘 나를 지켜주는 남편이다.

"안타깝게도 자궁내막암입니다!"

한창 신혼의 단꿈에 젖어 지내던 어느 날이었다. 임신을 준비하던 차에 질 출혈이 심해져서 혹시나 하고 받았던 검사에서 암이라는 소견이 나왔다.

남편을 꼭 닮은 아이 하나만 낳길 바라던 내게 사형선고와도 같은 소식이 날이든 것이다.

의사는 검사 결과지를 보여주며 우리 부부 앞에 자궁 적출이라는 무시무시한 단어를 꺼내놓았다. 암이 자궁 근육층으로 깊숙이 침투되기 전에 자궁을 적출해 내자는 것이었다. 항암 치료도 병행하면서 자궁과 난소를 제거하면 이 병으로 크게 문제될 일은 없을 거라고 했다.

"저흰 아직 아이가 없는데요…"라고 말하는 나에게 의사는 "자궁내막암에 걸린 젊은 주부들의 경우 대부분 임신이 어렵습니다. 환자분의 목숨이 우선 아닌가요?"라고 반문했다.

출산을 고민할 때가 아니라는 의사의 견해를 따르기로 결정했다. 수술 날짜를 예약하고 집에 돌아오는 길, 설명할 수 없는 비참함이 나의 온몸을 휘감았다. 30대 초반의 젊은 나이에 자궁적출이라니.

세상은 어제와 달라진 것이 하나도 없는데, 나는 하루아침에 '암환자'가 되어 버렸다. 가벼운 웃음조차 지을 수가 없었고,

내가 세상에서 가장 힘들고 고통스러운 것 같았다.

'오늘의 불행은 언젠가 내가 잘못 보낸 과거의 보복이다.'라는 말이 머릿속에 송곳처럼 박힌다. 나의 어떤 습관과 행동이 30대 초반에 암에 걸리게 했을까 곰곰이 되짚어봤다.

그날 밤,
남편은 등을 돌린 채 조용히 소리죽여
울고 있는 나를 꼭 끌어안았다.

"울지 말고 힘내자! 당신 곁엔 내가 있잖아. 암부터 치료하고 아이도 갖자! 나만 믿어."

남편의 위로는 따스한 한 줄기 빛이 되었다.

연애할 당시부터 남편은 늘 내게 긍정적인 에너지를 불어넣어 주는 사람이었다. 자신감 없이 매사 회의적이었던 내가 세상을 아름답고 희망차게 볼 수 있도록 힘을 불어 넣어주곤 했다. 그런 남편이 곁에 있다는 사실만으로도 큰 위로와 위안이 되었다.

남편은 내 상황에 맞는 치료법을 찾기 위해 밤낮없이 온라인 카페를 뒤지고 관련 서적을 사다 읽었다. 능력을 인정받아 승승장구하던 직장에도 휴직계를 냈다. 오롯이 나의 치료에만 집중하기 위해서라고 했다.

얼마 후 남편은 병원 한 곳을 더 가보자고 제안했다.

비참함만 커질 뿐 달라질 게 있을까 싶으면서도 한 조각 희망이라도 잡아볼 요량으로 따라나섰다. 그렇게 찾아간 B-대학 병원에서 담당 의사 선생님은 "출산을 원한다면 비수술적인 방법으로도 접근해 볼 수 있습니다. 자궁내막 시술과 호르몬약을 적절하게 병행하면 수술을 하지 않고도, 치료가 가능합니다."라고 했다.

다행스럽게도 아직 호르몬치료로도 완치될 가능성이 남아있었다. 내 손을 꼭 잡은 남편의 입가에는 옅은 미소가 번졌다.

자궁을 적출 하지 않는 비수술적 치료여서 다행이었지만 막상 치료에 들어가니 그 과정은 정말 감내해내기 쉽지 않았다. 우선 호르몬치료를 시작하면서부터 급속히 살이 찌기 시작했다. 체중이 6개월 사이에 25kg 늘어나 감당하기 어려울 만큼 몸이 비대해졌다. 숨쉬기도 곤란해 '헉-헉-'대는 거친 숨소리를 달고 살았다. 이것은 식욕촉진제로도 쓰이는 호르몬 약 때문이었다. 과도하게 분비되는 여성호르몬을 억제하기 위한 약이어서인지 끝없이 찾아오는 무기력도 나를 짓눌렀다. 20시간 이상 침대에서 일어나지 못했고, 산책하러 나가서도 5분을 넘기지 못하고 돌아온 적이 많았다. 내 몸은 더는 내가 통제할 수 있는 나의 것이 아닌 듯했다. 그럴 때마다 남편은 짜증 한 번 내지 않고 최대한 나를 배려해 주었다. 내가 우울해하지 않도록 늘 곁에서 활력을 불어넣기 위해 힘썼다.

몸의 변화보다 더 무서웠던 것은 암에 대한 공포였다.

암세포가 어느 한순간 몸 이곳저곳으로 전이되면, 어쩌나 하는 불안감에 주기적으로 악몽을 꾸었다. 혹시 2차 암이 발병하진 않을까. 몸 어디만 아파도 혹시 암이 전이된 건 아닌가 하는 불안감이 찾아왔다. 불길한 악몽에서 깨어날 때면 항상 내게 남은 시간이 얼마일까를 헤아려 보곤 했다. 그렇게 내 마음은 조금씩 몹쓸 병에 침식되어 갔다. 언젠가 하루는 우울한 감정이 심하게 솟구쳐 올라 남편을 향해 마음에도 없는 모진 말을 쏟아부었다.

"내 몸 속에 암이 있는 줄 알았으면 당신도 나랑은 결혼 안했을 텐데…. 정말 미안하게 됐네. 병든 몸으로 시집이나 와서. 나 죽으면 다른 건강한 여자 만나서 애 낳고 잘 살아.~"

내 회복만을 바라던 남편에게 절대 해서는 안 될 말을 이죽거리며 내뱉었다. 내 입에서 나온 말은 암세포보다 더 치명적인 독화살이 되어 남편의 가슴 속으로 아프게 파고들었을 것이다.

"그런 모진 말은 하지 마. 우리가 행복하게 살려고 결혼했지 애 낳으려고 결혼한 건 아니잖아. 나는 앞으로 당신이랑 건강하고 행복하게만 살면 돼! 더 바라는 건 없어. 정말이야."

내 모진 말에도 불구하고 남편은 감정적으로 맞대응하지 않고, 너른 품으로 보듬어주었다. 굳이 장황한 말로 설명하지 않아도 남편의 진심이 절절하게 전해지는 순간이었다.

어느 날부턴가 남편은 절망에 빠져 허우적거리는 내 손을 이끌고 숲을 찾아다니기 시작했다. 편백 나무가 많아서 암 환자들에게 좋다는 전국의 유명한 숲과 산은 모조리 찾아다녔다. 남편과 함께 전국의 숲으로 가서 일주일 혹은 한 달씩 보내다

돌아오곤 했다. 암이 가져다주는 막연한 공포와 불임의 막막함이 마음속을 파고들 때마다 남편은 내 손을 잡고 숲속으로 한걸음 더 깊이 들어가곤 했다.

2년 가까이 숲에 다니는 동안 나에게는 많은 변화가 일어났다. 비대했던 몸은 정상 체중으로 돌아왔고, 황폐했던 정신에도 조금씩 따스한 봄바람이 불기 시작했다. 호르몬 약을 복용하면서 수개월에 한 번씩 자궁내막 시술을 총 4차례를 받아 시술 끝에 기적처럼 완치 판정을 받았다. 의사 선생님이 자궁내막의 암세포가 모두 사라졌다면서 우리 부부에게 초음파 사진을 보여주었다. 남편과 나는 서로의 손을 잡고 뛸 듯이 기뻐했다.

하지만 이제는 아이가 자랄 수 없는 몸이 되어버린 것 같아 한편으론 마음 한구석이 아렸다. 아이가 착상해 붙어 있어야 할 자궁내막을 모두 긁어내 상실해 버린 후여서 텅 빈 공허함이 몰려왔다. 그래도 남편 곁에서 건강하게 숨 쉴 수 있다는 사실이 얼마나 감사한 일인가. 그저 주어진 삶에 감사해하며 하루하루 최선을 다해 살아가기로 마음먹었다.

뜻이 있는 곳에 길이 있다고 했던가. 아이에 대한 마음을 비우고 산 지 1년여가 됐을 무렵, 자연임신이라는 기적이 우리 부부를 찾아왔다. 불모(不毛)의 땅에도 뿌리가 내리고 싹이 자라고 있는 것이었다.

내가 암을 극복하고 임신까지 할 수 있었던 것은 온전히 남편 덕분이었다. 어디로 가야 할지 삶의 방향을 잃었을 때 남편은 한결같은 사랑과 진심 어린 관심으로 가야 할 길을 찾아주었다. 늘 곁에서 내 삶에 따스한 봄 햇살을 내려준 남편의 참사랑이 아니었다면 지금의 나는 존재하지 못했을 것이다. 암이라는 녀석은 나에게서 많은 것들을 빼앗아 갔지만 동시에 가장 소중한 것을 일깨워주기도 했다. 그것은 바로 남편이 한결같이 보여준 진정한 사랑이었다.

오늘도 나는 남편을 향해 고마운 마음을 전한다.

"여보, 늘 곁에 있어 줘서 고마워. 당신은 항상 내게 행복을 주는 사람이야."

4

작지만 큰 영웅

66 쇠렌 키에르케고르

창가를 덮은 얼음 꽃이 따스한 햇살에

녹는 것처럼,

사랑은 역경을 통해 서로 가까워지고

서로의 관계 속에서

아름다움과 조화를 피워 낸다.

작지만 큰 영웅

박선영

"선생님! 오늘도 1등이시네요."

"할아버지! 역시나 오늘도 운동장이랑 강당 순찰 돌고 오시는 거에요? 아직 새벽바람이 차요. 따뜻하게 입고 가시지 그러셨어요."

"순찰 돌면서 쓰레기도 줍고, 위험한 거 치우고 하다보면 몸에서 막 열이나요. 두껍게 입으면 몸이 둔해져서 안 돼."

"3월이어도 엄~청 추운데... 오세요. 원두커피 제 거 내리면서 한잔 더 만들게요."

"그럼 선생님 타신 거 조금만 따라주세요. 괜히 번거롭게 또 내리지 말고. 뜨거운 물 부어서 마시면 더 좋아. 그거 그냥 먹으면 너무 써."

나의 하루는 우리 학교 야간 지킴이 할아버지와의 대화로 시작된다. 이 학교로 발령을 받고 근무한 지 1년이 지났으니, 이 특별한 '새벽 토크'도 1년이 되었다.

3월 근무를 앞두고, 무거운 박스를 미리 교실로 옮겨 놓으려고 학교를 찾은 날, 방학 중 텅 빈 학교에서 처음으로 마주친 사람도 이 지킴이 할아버지였다. 미처 준비하지 못한 실내화도 챙겨주시고, 박스 혼자 나르면 얼마나 힘드냐며 4층 교실까지 함께 들어주신 할아버지.

사람의 첫인상은 3초면 결정된다고 하지 않던가? 인자한 미소 한가득 머금고 허허 웃는 얼굴로 살갑게 맞아주신 할아버지는 돌아가신 우리 할아버지와 꼭 닮아 있었고, 그래서 나는 보자마자 할아버지가 친근하게 느껴졌다.

아침형 인간을 넘어 새벽형 인간인 나는 어느 학교에 가든지 '1등 출근 교사'로 소문이 자자했고, 그래서 야간 지킴이 할아버지가 주간 지킴이분과 교대하기 전 매일 첫 대화하는 기회를 얻게 된 것이다.

'부지런'이라면 어디에도 뒤지지 않는 나도 할아버지 한 수 아래라고 느낄 정도로 그분은 열성적이었다. 버스를 타고 학교에 도착하면 보통 6시 40~50분 선인데, 그때 이미 그 넓은 학교를 한 바퀴 돌고 돌아오시는 할아버지와 만났기 때문이다. 업무에 포함되지도 않은 일인데 등교하는 아이들이 행여 다칠세라 새벽부터 학교를 순찰하면서 깨진 병이나 뾰족한 물건은 없는지 학교를 이 잡듯 샅샅이 훑으신다는 그분을 보며 마음에서 우러나오는 '사랑'이 무엇인지 깨닫게 되었다.

교무실에 배치된 원두커피머신에 원두 넣고 물 채운 후 동작 버튼만 누르면 되는 데도 할아버지는 자기 때문에 선생님 번거롭게 하면 안 된다며 내가 내린 커피를 조금만 달라신다. 괜찮다고, 그거 일도 아니라는데 한사코 마다하시며, 쓰니까 뜨거운 물 부어 마시려고 그런다는데, 괜히 아침부터 귀찮게 하기 싫어서 그러신다는 것을 나는 알고 있다.

그래서 언제부턴가 나는 할아버지를 못 뵈었어도 자동으로 커피를 두 잔 내린다. 새벽이슬 맞으며 학생들이 행여 다칠까 학교 순찰을 돌고 오신 할아버지의 언 손을 따뜻이 녹이시라고.

손자를 대하는 마음, 가족을 사랑하는 그 마음 하나만 있으면 우리는 못 할 일이 없다. 남을 위하는 일은 크고 거창한 게 아니더라도 '배려'하는 따뜻한 가슴만 있으면 할 수 있는 일이다. 하지만 이 쉬운 일을 우리는 하지 못하고, 그냥 지나치며 살기 일쑤다.

나는 지킴이 할아버지와 아침을 열며 선한 마음이 온 가슴에 퍼지는 것을 느낀 채 아이들을 좀 더 관대한 눈으로 바라볼 수 있게 되었다. 하루의 시작이 기분 좋으니, 온 종일 즐거운 마음으로 생활할 수 있음은 말할 것도 없다.

이 학교를 1년 근무하면서 보게 된 놀라운 것 하나.
바로 제법 큰 학교 텃밭이다.

체육 창고 옆 학교 한 귀퉁이에 싱그러운 생명력을 뽐내며 한 가득 피어있는 온갖 싱싱한 채소들!

초겨울, 봄에는 그냥 맨땅이었던 볼품없던 곳이, 신록이 우거질수록 강한 생명력을 한껏 자랑하는 멋진 텃밭의 모습을 갖춰 갔다.

상추, 깻잎은 물론 고추에 가지, 방울토마토가 총천연색 물감을 풀어 놓은 듯 알록달록 멋진 옷을 갈아입은 텃밭은 학생들의 자연 생태 학습장이 되기에 충분했다. 마트에서 팩에 담긴 야채와 채소들만 접하다가 싱싱한 날 것 그대로의 생명을 접한 아이들은 무척이나 신기해하며 보고 또 봐도 질리지 않아 했다. 집에 화분 하나 없이 사는 가정도 많기 때문에 이 텃밭은 아이들에겐 보물 상자나 다름없었고, 하루가 다르게 생명이 쑥쑥 커가는 것을 보는 자체가 살아있는 교육이라 할 수 있었다.

"이 학교 텃밭은 교육청에서 관리하시나요? 부산에 근무할 때 생태 어울림 학교로 지정된 곳에 있었는데. 거긴 교육청에서 관리하셨거든요. 그런데 부산보다 이 학교가 훨씬 괜찮아요. 뭐랄까, 완전 싱그럽다고나 할까? 이건 정말 보통 정성 갖고는 이렇게 키워내기 힘들겠다 느껴질 정도로요."

"아~ 우리 학교 텃밭? 여기 광주에서 소문난 명소잖아. 교총 신문에도 두어 번 소개 되었을 정도라지?"

"교육청은 무슨, 이거 야간 지킴이 양반이 가꾸는 거야. 정성도 그런 정성이 없어. 학교 업무 틈틈이 잡초 뽑고, 물주고, 비료 주고. 텃밭도 좀 커? 여기 원래는 그냥 아무렇게나 방치된 곳이었는데, 그 양반이 교장 허락받고 거기 그렇게 지극 정성으로 키우는 거야."

지킴이 할아버지만큼 지긋한 연세의 원로 부장님의 말씀에 나는 또 한 번 놀라지 않을 수 없었다. 손바닥만 한 수준이 아니라 '농사짓는다.'라는 표현이 어울릴 정도로 제법 큰 그 텃밭을 할아버지 혼자 힘으로 그렇게 가꾸셨다니.

'잠은 대체 언제 주무시는 거야? 할아버지 부지런함은 진짜 완전히 넘볼 수 없는 경지잖아?!'

"와! 할아버지 그 많은 채소는 다 어찌하신대요? 마트에서 한 봉지만 사려고 해도 돈 만 원은 훌쩍 넘는데~ 할아버지 유기농 채소 드시면서 건강해지시겠네요. 열심히 가꾸셨으니 당연하지만요. 하하"

"박 선생, 남달라. 몇 년을 근무했어도, 그 텃밭 채소들 어쩌
는지 생각 한 번도 안 해 봤는데. 다음에 지킴이 양반 만나면
한번 물어봐야겠네."

"그 양반 안 봤어? 마르셨어도 잔 근육 있어. 그건 삼시 세끼
유기농 채소 먹지 않고서는 그리되지 않지."

언젠가 우리 학년은 학교 텃밭이 대화 주제가 되어 한바탕 왁
자지껄 웃음꽃이 피었던 적이 있다. 할아버지의 부지런함에서
유기농 채소 덕분에 건강하시다는 농담으로 대화가 마무리되
었지만, 이때 내가 받은 신선한 충격은 지금도 잊을 수 없다.

나의 '일' 밥벌이하기에도 직장은 팍팍하고 지치는 곳이다.

지킴이 할아버지에게 텃밭 가꾸는 일은 누가 시키지도 않은
것이고, 초과 업무인 셈일 텐데도, 할아버지는 자발적으로 나
서서 볼품없는 땅을 '생명의 보고'로 만드셨다. 덕분에 전교생
은 살아있는 생태 학습장을 매일 관찰할 수 있게 되었고, 썰

렁한 공터보다 온갖 채소가 자라는 싱그러운 온상은 학교의 자랑이 되기에 충분했다.

이 넓은 장소를 혼자 힘으로 이렇게 가꿔 내시다니!

이만큼 열성적이니 수확물을 혼자 챙기시는 것은 너무 당연한 일 아니겠는가? 인자한 할아버지가 나보다 오래 근무하신 선생님들에게도 나눠주지 않으신 게 조금 의외이긴 했지만, 그렇게 애지중지 키우셨으니 욕심이 나셨을 수도 있겠다고 생각하며 대수롭지 않게 넘겼다. 사람은 가끔 이상한 데 꽂히기도 하니까. 다른 덴 다 너그러워도 건강에는 몹시 신경 쓰는 사람일 수도 있는 거니까.

의문은 뜻하지 않은 때 갑자기 풀리게 되었다. 희망 교실이라는 프로젝트 때문에 토요일도 출근해야 했던 어느 여름날. 교실에서 아이들과 활동하고, 점심 무렵 학교를 나서려던 참이었다.

어디선가 두런두런 이야기 소리가 들려, 나도 모르게 발걸음이 소리가 나는 쪽으로 향하게 되었다. 그곳엔 업무 시간도 아닌데 야간 지킴이 할아버지가 계셨고, 처음 보는 초라한 행색의 낯선 어머니 한 분도 함께였다.

"오늘은 상추랑 깻잎하고, 방울토마토도 좀 넣었다우. 승재랑 승아가 좋아한다며 상추? 토요일이고 주말이니 딴 때보다 넉넉히 담았어요. 애 먹성이 얼마나 좋아. 고기 없이 상추만 쌈장에 싸서도 잘 먹는다며. 얼마나 잘됐어? 많이 줄 수 있는 걸, 좋아하고 잘 먹으니까. 내 고기는 못 사줘도 상추는 매일 실컷 먹게 따 줄 수 있지."

"어유, 매번 이렇게 얻어먹어서 어쩐대요. 올여름 내내 할아버지 텃밭 덕분에 우리 두 녀석 야채는 아주 실컷 먹고 있어요. 요즘 시장에서도 조금 담아놓고 2~3천 원 해서, 들었다 났다 그러고 있었는데요. 할아버지 아니었다면 우리 애들 야채 이렇게 눈치 안 보고 먹일 수 없었을 거예요. 진짜 어떻게 이 은혜를 다 갚을 수 있을지."

"승재 엄마, 그러지 마요. 승재, 승아 우리 학교 학생이고, 그럼 우리 가족이고 이웃사촌이지. 이 텃밭 이거 왜 가꾸겠소? 우리 애들 먹이고, 학교 주변 혼자 사시는 어르신들 잡수게 하려고, 내가 이렇게 정성 들여 키우는 거 아니겠소. 애들이 잘 먹으면, 그길로 족해요."

"할아버지, 말은 그러셔도 이게 얼마나 귀한건지 제가 잘 아는데요. 정말 감사해요. 애 아빠 떠나고 두 녀석 키우느라 너무 힘든데. 할아버지가 상추랑 깻잎, 고추, 가지 딸 때마다 챙겨주셔서. 밑반찬 걱정 안 하고 살아요. 요즘. 그것만으로도 진짜 정말 고맙답니다. 여기 이거 홍삼 드링크 한 병 드세요. 할아버지."

"어유, 애기 엄마도 참, 내가 뭐 해준 게 있다고. 허허허."

할아버지와 아주머니의 대화에 나도 모르게 빙그레 미소가 지어졌고, 이 따뜻한 순간을 방해하면 안 될 것 같아 슬그머니 발길을 돌려 학교를 빙 돌아 교문을 나섰다.

그랬다!

할아버지가 그동안 본인의 건강에 집착해서, 유기농 야채에 욕심을 부리셨던 것이 아니었다. 오랜 시간 학교를 지키셨기에 교내의 저소득층 가정을 알음알음 알게 되신 할아버지는, 정성껏 키운 작물들을 한 집 한 집 산타할아버지가 선물을 나눠 주듯이 챙겨 주고 있으셨던 것이다.

나중에 행정실 직원분께 귀띔으로 전해 들은 말이 더 놀라웠다. 비밀 엄수라서 학생 개인정보는 공개하지 않는 것이 원칙이다. 직접 명단을 드린 것도 아닌데, 할아버지가 어떻게 알고 형편이 어렵고 도움이 필요한 아이들에게 먼저 손 내밀고 있더라는 것이다.

정말 해리포터의 마법 지팡이라도 있는 것일까?

어떻게 아이들 얼굴만 보고도 내가 좀 도와줘야지 하는 생각이 들 수 있을까?

"할아버지, 할아버지는 사람 얼굴만 보고도 다 알 수 있으세요?"

"허허허, 박 선생. 실없기는. 그런데 말이야. 이 나이쯤 살아보니까, 그 말이 아예 틀린 말은 아니야. 맞아요. 나는 사람 얼

굴만 보면 다 알 수 있지. 그러니까 내가 박 선생을 좋아하고
이렇게 매일 이야기하는 것을 기다리는 거 아니겠소?"

"하하하. 칭찬 좋은데요~?"

"진짜라오. 인상이란 게 있어. 그 사람이 풍기는 매력도 있고.
박 선생은 눈빛이 선~해. 심성이 착하단 말이지. 그 사람을
오래 지켜보면 첫인상에 확신도 들고."

"아~ 그래서 할아버지가 아이들 얼굴만 보고도, 도와줘야겠
다, 누구는 도움이 필요하다, 그렇게 다~ 아시는 거군요!"

"응? 우리 학교 애들?"

"아, 아니에요."

할아버지가 개인정보를 굳이 들춰 보지 않더라도,
해리포터 마법 지팡이가 없더라도 사랑을 나눠줄 아이를 족집
게처럼 콕콕 찍을 수 있는 이유! 다 있었다.

사람을 오래 지켜보고, 관심을 주는 것. 타인에 대한 이타심과 애정이 있을 때야 비로소 알게 되는 것 아닐까?

자세히 보아야 예쁘다.
오래 보아야 사랑스럽다.
너도 그렇다.

- 나태주-

나태주 시인의 풀꽃이라는 시가 떠오르는 것은 할아버지의 그 잔잔하고 따뜻한 마음 때문이리라.

그날 이후로 나는 할아버지의 텃밭을 좀 더 관심 있게 쳐다보게 되었다.

'이 상추는 누구네 밥상을 싱싱하게 해 줄까?'
'이 방울토마토는 귀여운 우리 학생 중 누가 차지하게 될까? 상추나 깻잎보다 수확량이 적은데, 이 행운에 뽑힌 아이는 누구지?'

토요일 희망 교실 프로젝트를 운영하면서 나는 할아버지가 잘 키운 채소를 나눔 하는 상민을 종종 목격하곤 했다.

주중엔 방과 후 수업이며, 돌봄 교실 때문에 언제나 학생들이 북적인다. 할아버지는 혹시라도 엄마가 채소를 받아가는 상황에 마음 아플지도 모르는 어느 아이를 배려해서 토요일에만 채소 나눔을 하는 건 아닐까?

작년 한 해 텃밭을 지켜보면서 나는 자연스럽게 이런 생각을 하게 되었다.

감수성 예민한 아이들이
"누구 엄마는 공짜로 상추 받아 간대요~!"
"너네는 왜 마트에서 채소 안 사고, 할아버지가 나눠주는 거 얻어먹어?"

혹시라도 놀림을 받진 않을까 한 번 더 생각하고 행동하신 할아버지. 교육대학교 교재에도 실리지 않는 이 '사소한 배려'를 나는 지킴이분을 통해 오늘도 배운다. 마음에서 우러나오는 사랑이 어떤 것인지를.

아파트마다 분리수거 장소가 있듯이 학교도 재활용 분리 배출하는 장소가 있다. 학교에서 나오는 쓰레기야 뻔하여서 보통 학교는 종이류, 페트병, 유리류 정도만 분리할 수 있는 함이 있다.

언제 보아도 깔끔하게 정리되어있는 분리수거함을 보면서, 이 동네 재활용 쓰레기 수거하시는 분은 정말 일을 잘하신다고 느낄 때가 많았다.

일인 일역을 정해주고 학생들이 분리수거를 잘할 수 있도록 독려하고 칭찬하는 게 교사의 역할이다. 일주일에 한 번 정도는 분리수거 장소에 아이와 함께 가서, 아이가 어떻게 분리하는지 혹시 실수하는 것은 없는지, 페트병 버릴 때 비닐과 뚜껑을 떼는 법을 시범 보이기도 하면서 학생들을 지도한다. 재활용과 환경 보호의 차원의 접근이다. 분리된 후 이것들이 어떻게 처리되는지는 솔직히 관심 밖의 일이었고, 깊게 생각해 보지도 않았다.

학생 상담으로 퇴근이 늦어졌던 어느 오후,
체육 창고 뒤 분리수거 장소를 지나치면서 무심코 쳐다보았는데, 역시나 깔끔하게 정리해서 쌓아놓은 페트병과 차곡차곡 묶인 종이들을 보며 '어디 책에라도 실려야 하는 거 아니야? 분리수거의 정석이라고'하는 생각이 들 정도였다.

너무도 깨끗하고 예쁘게 쌓인 재활용품을 마치 유명한 건축가가 만든 조각품을 감상하는 것처럼 감탄을 금치 못하며 바라보았던 기억이 떠오른다. 그때 그곳을 지나치던 행정실장님과 나눈 대화에 나는 또 한 번 놀랄 수밖에 없었다.

"진짜, 우리 학교 재활용 장소는 교과서에 실려야 해요! 수학의 정석만 있는 것이 아니라, 분리수거의 정석을 그대로 보여주고 있다니까요."

"하하하, 박 선생님 말씀 재미있게 하시네. 그래요. 진짜 지킴이가 우리 학교 보배지요. 혼자서 어떻게 이 많은 일을 하시는지 몰라."

"네?! 지킴이 할아버지요? 야간에 근무하시는 그분 말씀하시는 거예요? 학교 관리하고 순찰하시는 일만 하면 되는 줄 알았는데."

"그러니까 말이지요. 업무에 포함된 것도 아닌데, 주중에 배출된 쓰레기를 저렇게 다 관리해 주시니까, 그게 감사하다는 거지요."

"와! 그러면 저렇게 차곡차곡 분리수거 한 다음, 어떻게 되는 거예요?"

"아~ 퇴근 후에 처리하시니까 선생님들은 모르시겠구나. 일주일이건 보름이건 팔아도 되겠다~ 싶게 모이면 할아버지가 직접 손수레를 가지고 와서 싣고 가요."

"으잉? 그걸 직접 하신다고요? 그거 가져가서 뭐 어쩌신데요? 집에 쟁여두시지는 않을 테고"

"하하하, 그거 가져가서 뭐하겠어요? 고물상에 파는 거지. 여기서 한 30분 거리에 고물상 하나 있거든요. 벌써 몇 년 전부터 할아버지가 단골로 다니시는 덴가 보더라고요."

"오~! 할아버지 부수입! 요즘 대세인 투잡을 뛰시는구나! 흠, 흠, 겸업 금지... 뭐 이런 조항에 위배되는 건 아니지요? 음, 학교에서도 이렇게 깔끔히 관리되면 굳이 돈 버시는 거 막을 필요는 없을 것 같은데요."

나는 혹시라도 부수입 창출 때문에 할아버지에게 피해가 가는 건 아닌지, 농담 끝에 이렇게 살짝 얼버무리고 당황했는데, 행정실장님의 뒷이야기에 진짜로 놀라게 되었다.

"할아버지가 저거 치우고 관리해 주시면 학교로서는 관리비 명목으로 돈이라도 더 드려야 마땅하지요. 솔직히 말해 저거 고물상에 팔아 얼마나 남겠어요. 그럼 그냥 시원한 거나 하나 잡수시면 좋겠는데. 학교 앞 복지센터 있죠? 거기 후원하고 있어요. 고물상에서 돈 받으면 그 길로 바로 센터로 달려가서 봉투째 맡기고 온다네요."

"진, 진짜요? 세상에! 정기후원, 기부 말만 들었지. 진짜 이렇게 실천하시는 분은 정말 처음이에요. 저도 겨울에 구세군 냄비에 가끔 모금하는 거 말고는 한 게 없는데. 정말 부끄럽네요."

"아니요, 박 선생님, 그것도 훌륭하신데요. 우리가 알면서도 살기 팍팍해서 놓치는 부분이 많잖아요. 저 할아버지가 정말 대단하신 거지요."

"정말이네요. 하루 이틀도 아니고, 솔직히 저거 분리하고 한데 묶어서 깔끔히 치우는 것만 해도 진짜 힘든 일이잖아요. 우리 집 재활용품만 분리하는 것도 힘들고 귀찮은데. 남모르게 후원까지! 할아버지 성격에 본인이 그런다고 떠벌리고 다니실 분도 아닌데, 할아버지의 선행은 어떻게 알게 되셨데요?"

"꼬리가 길면 잡힌다고 하지요. 아! 여기에 맞는 속담이 안 떠오르네. 할아버지 여기 근무한 게 7~8년은 됐거든요. 근무할 때부터 저러셨으니, 그게 좀 길어요? 우리도 아무도 몰랐지요. 처음엔 혹시 학교에 계속 근무하고 싶어서 잘 보이고 싶어 자발적으로 저러시나 싶다가, 그게 진심인 걸 알았거든요. 그후엔 학교를 진짜 사랑하는구나, 본인 업무도 아닌데 학교 안팎 궂은일을 도맡아 하는 걸 보면, 하고 감탄했었고요. 그런데 작년인가, 재작년인가? 학교로 복지센터장이랑 직원이 몇 분 오시는 거예요. 거의 10년이 다 되어가는 동안 꾸준히 이렇게 기부하고 후원해주셔서 감사하다고. 알고 보니 할아버지 본인 성함으로 맡긴 것도 아니고, 이 학교 이름으로 드린 거더라고요. 학교에선 당연히 깜짝 놀랐고, 조금만 대화하다 보면 할아버지 인상작의기 드러나니까. 아~ 지킴이 할아버지가 남몰래 한 선행이었구나. 깨달았지요."

"너무 멋지네요! 내일 아침 할아버지 보면 엄지 척 해드려야겠어요."

"네? 그러지 마세요~ 누가 아는 거 진짜 싫어하세요. 뒤에 조용히 물러나 있는 타입 같던걸요."

"하하하, 실장님. 걱정하지 마세요. 저도 센스 있는 여자랍니다. 대 놓고 안 하고, 그냥 따봉~ 한다고요. 엄지 척 받으면 열이면 열 모두 좋아하잖아요. 우리 애들도 그냥 얼굴 마주치기만 해도, 따봉~ 해주거든요. 그럼 다들 그냥 헤벌쭉 웃어요."

"네~ 그렇다면야, 할아버지도 하루를 즐겁게 시작하시겠네요. 어이쿠, 선생님이랑 대화 하다보니 시간이 이렇게나 지났다니!"

행정실장님의 말씀에 문득 하늘을 보니 뉘엿뉘엿 저무는 해 때문에 하늘이 온통 붉게 물들어 있었다. 도끼자루 썩는 줄 모르고 신선들의 바둑 구경을 했다던 전래동화 속 나무꾼이 된 기분에 화들짝 놀라 우린 퇴근을 서둘렀다.

알지만 하기 힘든 일들.
유치원 꼬맹이 때부터 배웠던, 남을 위한 배려와 작은 선행.

하지만 이론을 실천하기는 얼마나 힘든가? 심지어 매일 교단에서 아이들을 가르치는 나도 '남을 위해 좋은 일 한 가지씩' 이 간단한 걸 실천하지 못하며 사는데 말이다.

♬ 어디선가 누군가에 무슨 일이 생기면
　　짜짜짜짜 짜짱가 엄청난 기운이 야!!
　　틀림 없이 틀림 없이 생겨난다~♪

우리 학교 야간 지킴이 할아버지를 보면 78년도에 방영된 '만화 짱가'가 떠오른다. 이 만화를 보면서 자란 세대는 아니지만 익숙한 이 멜로디를 한 번쯤은 들어보았을 것이다.

우리 학교 누군가에게 무슨 일이 생기면,
마른 체격에도 불구하고 엄청난 기운을 뿜어내며 한달음에 달려가서 도와주시는 우리 학교의 진정한 영웅!

어벤져스 군단처럼 괴물에 맞서 지구를 구해야지만 히어로는 아니라고 생각한다. 저분처럼 일상생활 속에서 도움의 손길을 먼저 내밀 줄 아는 것이야말로 진정한 용기가 아닐까?

세상이 점점 각박해지고, 서로에 대한 불신과 불만이 커져만 가는 요즘. 사소한 일에도 발끈하고 욱하고 언성을 높이는 사람들을 너무도 자주 보게 되면서 씁쓸하고 우울해지는 건 비단 나뿐만 느끼는 것은 아니리라.

'나 어릴 때만 해도, 이웃사촌이라는 말이 무색하지 않았는데... 공기밥 하나 정도는 옆집에서 빌려 오기도 하고, 뒷집에 손님이 많이 오셔서 주차 공간이 없으면 우리 집 주차장에 차를 대는 일이 자연스러웠는데...'

툭하면 튀어나오는 '묻지마 폭행'이나, 사소한 말다툼이 엄청난 비극이 되어버리는 사건까지. 매일 뉴스만 틀면 나오는 각박한 기사와 소식에 사람들은 우울하고 지쳐간다.

팍팍한 세상에 힘든 요즘, 우리 학교 지킴이 할아버지의 작은 선행은 그래서 더 큰 감동으로 다가온다. 왜소하고 마른, 누구나의 할아버지가 될 수 있는. 그냥 평범한 이웃이라고만 생각했는데, 아이들을 사랑하는 마음으로 매일 새벽 학교를 순찰하는 모습이나. 지극 정성으로 텃밭을 가꿔 여유가 없는 저소득층 가정에 수확물을 나눠주시는 모습. 업무도 아닌데 분리수거함 관리를 도맡아 하시고, 차곡차곡 쌓은 재활용품을 직접 손수레에 싣고 가서 거의 10년째 복지센터 후원을 하고 계시는 그 멋진 모습.

할아버지의 소소한 선행은 저절로 입가에 미소를 짓게 만든다. 친할아버지처럼 온화하고 인자한 웃음만 보여주셔도 하루를 즐겁게 시작할 수 있는데, 할아버지의 이런 조용한 선행은 매일의 나를 반성하게 하고, 나도 좀 더 좋은 사람이 되어야겠다는 결심을 하게 한다.

아무리 각박한 세상이라 할지라도 지킴이 할아버지처럼 곳곳에 숨은 영웅들이 계시다면 "세상은 아직 살만하구나~" 하는 안도감이 들면서, 나는 그렇지 못하지만 이런 분들이 많으면 좋겠다고 바라본다.

지금도 매일 아침 할아버지와 가볍게 대화하며 커피 한잔 나눠 마시면서 하루를 시작한다.

날씨가 많이 더워졌지만,
아이스아메리카노보다 따뜻한 커피가 맛있다며,
아직도 내가 내린 커피에서 언제나 한 모금만큼만 달라 하신다. 선생님 아침에 귀찮게 2잔 내릴 필요 없다면서.

남에게 피해 주지 않으려는 그 마음마저도 너무도 따뜻하게 느껴진다는 것을 할아버지는 아실까?

교실 밖 텃밭을 본다.
상추며 케일이 얼마나 무성하고 싱그러운지 모른다.

올해는 방울토마토 말고 큰 토마토에 도전하신다며 처음인데도 쑥쑥 잘 큰다고, 볼 때마다 함박웃음을 짓고 계신 할아버지. 작은 것에 즐거워하시는 그 모습에 덩달아 싱글벙글 웃음꽃이 핀다.

이 학교에 근무하는 모든 선생님과 학교에 다니는 모든 학생이 할아버지의 따뜻한 마음에 파랗게 물들어간다는 것을, 그렇게 선한 영향력을 미친다는 것을 할아버지는 아실까?

"나는 그냥 평범한 노인일 뿐이야."라며 항상 남보다 낮은 자리에 서 계시지만 나는 안다.

할아버지의 배려는 결코 작지 않다는 것을.

내일 아침엔 더 맛있는 커피 한잔 내려놓고 할아버지의 따뜻함에 물들어 봐야겠다.

층간 소음 극복기

" 조정민

내가 이해할 수 있는 사람 아래서는 성장하고

내가 이해할 수 없는 사람 아래서는 성숙한다

성장도, 성숙도 인내와 겸손의 결과이다.

층간 소음 극복기

김희선

한 가지 고백할 것이 있다. 나는 결벽증 환자이다. 때문에 일상에서 생활하는 모습이 남들과 조금 다르다. 깨끗한 바닥에 먼지라도 떨어질까, 긴장하는 것이 바로 나였다. 결벽증 때문에 번번한 직장에 다니지 못하고 그나마 편의점 아르바이트를 하면서 밤 11시에 퇴근하고 나면, 나는 어김없이 빗자루를 들고 청소를 시작한다.

모두가 잠든 시각. 빗자루로 더는 먼지가 나오지 않는 거실 바닥을 쓸고 청소기를 돌리고 젖은 걸레로 바닥이 젖어갈 때쯤에야 만족한다.

청소기 돌아가는 소리, 걸레로 모서리를 쳐대는 소리, 발소리 등 소음이 울린다.

알고 있다.
이러한 나의 행동이 아래층 사람들에게만 얼마나 민폐를 끼친다는 것을. 하지만 알면서도 나는 오늘도 기계처럼 청소를 시작한다. 피곤한 몸뚱이는 제멋대로 움직인다.

그날도 어김없이 청소를 하던 날이었다.
그런데 새벽 1시경. 누군가 현관문을 두드렸다.

똑똑–
나는 하던 행동을 멈추고 잠시 현관문을 노려봤다.

이윽고 다시 들려오는 똑똑똑–
좀 전보단 좀 더 급하게 울리는 소리에 나는 마른침을 삼켰다.

그렇게 한참 두들기던 소리가 멎고 발걸음을 옮기는 소리가 나서야 하는 긴장이 풀렸다. 나는 직감적으로 아래층사람이라는 것을 알고 있었다.

다음날 아침 현관문 앞에는 A4용지가 붙어있었다.

'위층 이웃분에게. 안녕하세요. 요즘 날이 많이 덥죠? 다름이 아니라 새벽에 잠을 자야 하는데 너무 시끄러워서요. 얼굴 좀 보고 이야기를 나누고 싶어 연락처를 남깁니다. 그럼 건강한 하루 보내세요.'

나는 가볍게 A4용지를 구겼다. 무시해도 되는 일이라고 생각했다. 시끄러워 봤자 얼마나 시끄럽겠냐고. 그런데 나의 그 안일함이 결국 화마처럼 터져버렸다.

빗자루로 열심히 먼지를 쓸어내고 청소기를 돌리려던 어느 야심한 새벽 1시. 누군가의 고함이 울렸고, 현관문이 흔들렸다.

"나와! 나오라고! 안에 있는 거 다 알아!"

누가 발로 현관문을 차면서 고래고래 고함을 치나 했더니, 아래층 사람이었다. 나는 두려움에 벌벌 떨었다. 아래층 아주머니가 남편을 말리는듯했지만, 말소리에 의하면 술을 건하게 마신 터라 그동안의 화를 감출 수 없는지 남자는 언성을 더

높이며 현관문을 발로 찼다. 나는 순간의 두려움에 문을 열 수가 없었나. 어머니도 집에 없었고 방에서 게임을 하는 여동생과 나뿐이었다.

결국, 경찰을 불렀다.

잠시 후 온 경찰이 화가 많이 나 있는 남자와 밖에서 이야기했다. 나는 조용히 그들의 대화를 들으며 떨리는 몸을 진정시키고 있었다. 곧 경찰이 올라왔다. 잠시 밖으로 나오라고 했다. 나는 조심스레 문을 열고 나갔다.

얼굴에 붉은 물감을 칠한 것처럼 화가 나 있는 남자와 그런 남자를 진정시키고 있는 여자가 동시에 나를 돌아봤다.

심장이 쿵 내려앉았다.
남자가 말했다.

"도대체 무엇을 하기에 새벽에 그렇게 시끄러운 거예요? 잠을 못 자겠어요. 당신 때문에 내가 여기 이사 와서 편하게 잔 적이 없어."

나는 내가 정신이 아파서 그런 거라고, 그래서 청소를 하느라 층간 소음을 만들었다고 말해야 하는데 도저히 입이 떨어지지 않았다. 그런 나를 재촉이라도 하는 듯 남자는 거칠게 머리를 쓸어 넘기며 급한 숨을 몰아 내쉬었다. 눈시울이 붉어졌다. 고춧가루라도 퍼 넣은 것처럼 눈가가 맵더니 결국 눈물이 났다. 갑자기 우는 나 때문에 당황한 경찰은 남자에게 일단 진정하라며 나를 막아섰다. 분명 내가 잘못한 건데, 오히려 피해자 마냥 우는 내가 한심했다. 소심하고 결벽증이 있는 내가 보잘것없이 창피했고 그저 이 상황에서 도망치고만 싶었다. 그런데 그때였다. 여자가 내 어깨에 손을 올리더니 괜찮으냐며 눈물을 닦아줬다. 속상하게 왜 우냐면서 남은 한 손은 내 손을 주물렀다. 피가 통하지 않던 손에 소름이 끼쳤다.

"나도 아가씨만 한 딸이 있어서 그래. 속상하게 울지 말고 말해봐. 지금 아가씨를 혼내려고 온 게 아니야. 상황을 듣고 싶어서 그래. 무서워할 필요 하나 없어. 그냥 이 양반이 술을 먹고 잠시 흥분해서 그래. 그렇죠, 여보?"

되묻는 여자의 말에 남자는 어색한 헛기침을 하며 고개를 끄덕였다. 나는 여자의 선한 말투에 긴장을 풀고 조금씩 입을 뗐다.

"사실... 제가 결벽증을 앓고 있어요. 그래서 퇴근하고 나면 저도 모르게 시끄럽게 청소를 하게 돼요. 정말 죄송합니다."

"진작 이렇게 얼굴을 보고 이야기했으면 좋았잖아요. 나는 악의를 가지고 일부러 시끄럽게 구는 줄 알고. 알고 보니 아가씨도 많이 힘들었겠어요."

오히려 나를 이해한다는 듯이 여자는 말했다.
분명히 화를 낼 것이라고 생각했다.

그래서 겁이 난 것이었는데 여자는 그렇게 하지 않았다. 오히려 나를 달랬다. 그리고 나서 우리의 대화는 경찰을 두고 이어져갔다. 알고 보니 남자는 새벽 6시에 일을 나가서 밤 9시인 이른 저녁에 잠에 든다는 것이었다. 그런데 늦게 퇴근한 내가 청소를 하는 바람에 매번 제대로 자지도 못하고 출근을 한다는 것이었다.

나는 미안함에 한참이나 죄송하다는 말을 반복했다. 두 사람은 나를 마냥 꾸짖는 게 아니라 해결책을 찾자고 했다. 남자가 자는 시간은 피해서 청소를 하는 쪽으로 말이다. 나는 내 결벽증이 마냥 부끄럽고 치부가 되는 줄 알았는데, 그것을 이해하고 해결책을 찾으려는 부부가 정말 고마웠다. 앞으로 남자분이 주무시는 시간에는 청소하지 않기로 약속을 하고 아래층 사람들이 돌아갔다.

내 아픔을 비난하지 않았다.
나는 그거 하나만으로 정말 감사했다.

그 이후로 나는 늦은 시간에는 청소하고 싶어도 꾹 참고 남자가 출근하면 그제야 청소를 했다. 처음에는 힘들었지만, 그 시간에 맞추다 보니 익숙해져 갔다.

그리고 어느 날 여자가 다시 찾아왔다.
여자의 손에는 시루떡이 담긴 접시가 있었다.

"이사 오고 떡도 안 돌린 것 같아서. 우리 한번 잘 지내봐요."

여자가 건넨 손이 따뜻했다. 나는 사실 그동안 결벽증 때문에 누군가와 새로운 인연을 맺는 일에 익숙하지 않다. 더군다나 이웃과의 대화라니. 집 밖으로 잘 나가지도 않기 때문에 감히 상상한 적도 없었다. 그런데 막상 이웃이 생기니 두근거리기 시작했다.

그 때문일까.
결벽증도 전보다는 심하지 않았다.

아래층에서는 개를 한 마리 키우고 있었다. 맞벌이 노년 부부는 자식들을 다 분가시키고 그 외로움에 개를 키우고 있다고 했다. 그러나 밥을 챙겨줄 여유가 없다 보니 매번 개를 굶기는 것이 신경 쓰여 조금씩 나에게 부탁을 했다. 처음에는 가끔씩 개의 끼니를 챙겨주는 정도였는데 요즘에는 부부가 바쁜 일이 있거나 하면 내려와 내가 개를 돌봐주고는 한다.

악연이라고 생각했다.

층간 소음으로 이웃 간에 싸움이 벌어지고 그 관계는 회복되지 않을 것으로 생각했다. 그런데 그것은 나의 큰 착각이었다. 가장 중요한 것은 이웃 간의 대화와 이해라는 것을 말이다. 대화하고 서로를 이해하니, 관계는 금방 회복됐다. 이제는 저녁도 가끔 부부와 먹고 가고는 한다.

분명 무서운 아저씨라고 생각했는데 남자는 생각보다 말 많고 정 많은 아저씨였다. 그때는 자신도 흥분해서 언성을 높였다고 오히려 사과했다. 이제는 딸처럼 잘 챙겨주고 내 병을 걱정해주기도 한다. 덕분에 요즘은 더러워졌던 마음들을 치우는 기분이다.

똑똑-
오늘도 어김없이 문 두드리는 소리가 들린다.

나는 알고 있다.
저 문을 열면 환하게 맞이해 줄 소중한 이웃이 있다는 것을...

6

5%의 만으로 꽉
차운 세상

톨스토이

내가 이해하는 모든 것은

사랑하기 때문에 이해한다.

5%만으로 꽉 채운 세상

이진

　　2박 3일째 진통 중이다. 의사의 손이 스무 번도 넘게 아기의 머리통을 만지고 지나갔지만 요 녀석은 꿈쩍도 안 하고 내려올 생각을 안 한다. 또다시 눈앞이 흐려지고 뱃속 깊숙한 곳에서부터 치밀어 오르는 고통의 소리를 잘근잘근 씹는다. 또 한 번의 진통이 내 몸속에서 부서졌다. 이틀을 대기실에서 보내는 동안, 나보다 먼저 들어온 산모들이 하나둘씩 분만실로 향하고, 밖에선 기쁨의 소리와 안도의 한숨들이 나를 또다시 불안한 기다림 속으로 밀어 넣었다. 내 침대 옆에서 안타까운 눈으로 바라보는 우리 신랑의 눈은 이틀째 잠들지 못해서 빨갛게 충혈되어 있다.

난 지금 셋째 아이를 출산 중인 올해 35세의 산모다.

나는 1997년 가을에,

2년 동안의 연애를 끝내고 결혼을 하여 위로 10살 된 여자아이와 5살 된 딸내미를 둔, 다시 말하자면 딸딸이 엄마다. 지금 뱃속에서 나와 함께 사투를 벌이고 있는 이 아기도 딸이라, 난 머지않아 세 딸의 엄마가 된다. 다시 의사의 손이 내 아기의 머리통을 가늠하고, 외로운 아픔은 거의 2~3분 간격으로 내 뼈를 갉아 먹었다. 잠시 진통이 지난 자리엔, 극심한 배고픔과 두려움이 찾아온다. 그리고 내 안과 주치의의 당부와 걱정 어린 눈빛도 스쳐 갔다.

내 안과 주치의는 나의 셋째 출산을 많이 염려했다.
아니 반대했다.

그래도 난 또다시 5%의 시야만으로 내 아기 얼굴의 눈 하나, 코 하나, 입 하나씩을 더듬어보아야 하는 안타까운 현실을 즐기기라도 하듯 또다시 도전 중이다.

우리들의 우화라고 고추장 선한 이웃의 이야기

나는 현재 녹내장 말기 환자이기도 하다.

이제 남은 시야는 단 5%, 95%의 시야가 소실된 상태다.

내 안과 주치의는 출산 중 오랜 진통으로 인한 안압 상승 때문이든, 잦은 마취와 약물로 인해서든 나의 빨대 구멍 속 빛을 잃을까 걱정하는 것이다. 또다시 의사의 내진이 시작되었고, 한없이 걱정스러운 눈을 한 내 산부인과 주치의는 더 지체할 수 없으며, 산도에 끼어있는 아기가 저산소로 위험할 수 있음을 말한다. 그리고 4cm에서 더이상 열리지 않는 나의 몹쓸 골반에 대해서도 오랜 시간 내 선택만을 기다려준 선생님은, 이제 어쩔 수 없음을 어렵게 말씀하시는 것이다.

나도 이제 이 미련한 싸움을 끝내겠다고 결정해야 하는 순간이 오고야 말았다.

힘없는 고갯짓 한 번으로 난 수술실로 향하게 되었다. 지금 시간은 자정을 알리고 약 5분쯤 지난 것 같다. 응급수술로 마취과장에게 양해를 구하는 나의 주치의 선생님의 말씀이 아득히 들렸다. 이제 단 몇십 분 후면 난 나의 셋째 아기를 만날 수 있다.

어쩌면 얼굴을 마주하지 못하고 나의 작은 빛이 사라져 버릴 지도 모르시만.

난 나 자신을 믿고 또 믿었다.

18살의 어린 나이에 내 시야의 95%를 잃고도, 나는 일도, 사랑도, 성가대 반주도, 그 누구의 의심 없이 잘 해내어 왔다. 이번에도 내 행운은 나를 평범한 세 아이의 엄마로 살게 해주리라. 난 차가운 수술실에 누운 채 심장으로 파고드는 마취액의 시원함을 느끼면서 정신을 잃었다.

얼마쯤 시간이 지났을까?

나는 친정엄마와 신랑의 목소리를 느끼면서 또 한 번의 위험한 출산을 끝내고 눈을 떴다. 빛이 느껴지고, 천장의 무늬도 보이고, 내 옆에 앉아 내 손을 꼭 잡은 내 신랑의 눈도 보인다.

난 또다시 해냈다.

나의 5%는 아직 쓰일 곳이 있는 것이다.

난 내 아이의 얼굴을 한 번에 보지 못한다. 눈 하나, 코 하나,

입 하나, 바쁘게 눈알을 굴려야 내 아이를 오롯이 알아본다. 첫 아이 때는 애가 애를 낳은 탓에 아무것도 몰랐다. 잠투정이 심하고 목욕도 싫어해서 종일 우는 아이, 우량아라 무게도 많이 나가는데 계속 안고 흔들어 달라고 한다. 너무 지치고 힘들었다. 친구들은 한창 예쁘게 하고 놀러 다니는데 나만 이렇게 아기와 씨름을 하고 있는 것이 잠깐 억울하기도 했다. 하지만 하루하루 커가는 아기는, 어린 엄마도 하루하루 키워갔다. 차츰 육아의 기쁨을 느끼면서 이 아기가 얼마나 많은 행복을 가져다주는 존재인지 깨달았다. 아이가 자라고 머리가 커지면서 내 속을 썩일 때면, 뭐 저런 게 나왔나 하면서도 돌아서면 금방 용서가 되고 만지고 싶고 안아주고 싶은 나의 첫 아이.

많은 시행착오의 연속이었다.

그 아이가 6살이 되던 해, 난 그 아이의 분신 같은 동생을 만들어주겠다는 욕심으로 또다시 힘겹고 위험한 출산을 시도했다. 두 아이를 더듬어 정말 누가 봐도 반짝이고 똑똑하고 예쁜 여자아이들로 키워냈다. 이 눈으로 두 아이를 키우는 건 정말 쉬운 일이 아니었다. 넓게 보지 못하는 나는, 나를 향해 달려오는 아이를 보지 못한 적도 있고, 아이를 밟거나 넘어뜨

리기도 많이 했다. 밖에 데리고 나가면 내 눈앞도 보기 바빴기 때문에 위험했던 순간도 많았다. 하지만 어린 두 딸은 그런 엄마 상태를 알지도 못할 나이임에도 항상 엄마 손을 놓지 않았고, 산만하게 굴지도 않았다. 그러다 둘보단 셋, 셋보단 넷이 더 좋을 것 같다는 생각이 들기 시작했다.

이다음에 내가 떠난다면, 내 5%가 내일이라도 당장 여러 가지 이유로 사라져 버린다면 남겨질 우리 아이들의 삶이 얼마나 황폐해질지, 단둘의 외로움이 또 얼마나 클지 너무나도 걱정스러웠다. 형제자매가 많으면 많을수록 서로 기대어 힘이 되어줄 거로 생각했다. 우리 큰아이가 매우 힘들 수도 있겠지만 서로를 의지하다 보면 엄마의 빈자리에서 오는 상실감을 조금이라도 덜 느끼지 않을까.

내가 셋째 아이를 가졌다고 했을 때 나의 주변 사람들은 분명 아들 욕심일 거라고 단언했다. 하지만 난 임신 초기에 또 딸이라는 것을 알았지만 하나도 서운하지 않았고 뱃속의 아이를 두고 고민하지 않았다. 오히려 내게 익숙한 딸이 더 좋았다.

난 새로운 것을 시도하는 것이나, 새로운 길을 가는 것이나,

새로운 사람을 만나는 것을 많이 두려워한다. 내 5%로 새로운 것에 익숙해지기란 쉽지 않은 과정이기 때문이다. 딸이라면 물려 입을 옷도 많고, 정서가 비슷한 언니가 둘이나 있으니 더 잘 지낼 것 같았고, 엄마를 이해하는 정도도 딸이 더 낫다고 생각했다.

그렇게 난 세 아이의 엄마가 되었다.

병실에서 정신이 들고서, 나는 세 번이나 찢은 배를 움켜쥐고 앉아 내 아이에게 초유를 물렸다. 환희, 그 자체였다.

위로 두 아이는 모유 수유를 맘껏 하지 못했다. 만성 아토피로 인한 스테로이드 부작용으로 내 눈이 이렇게 되었고, 둘째를 키울 때까지도 나는 약을 달고 살았다. 심할 땐 정말이지 나병 환자처럼 온몸에서 진물이 흘러 눈조차 뜰 수가 없었다. 그래서 두 아이는 내 젖을 맘 놓고 빨지도 못했다.

셋째 아이를 출산한 지금의 나는,
말끔해진 피부로 약에서 해방된 지 오래다.

그렇게 아기에게 맘 놓고 젖을 물릴 수 있는 몸을 만들기 위해서 난 눈물겨운 노력을 했나.

어릴 때, 부모의 이혼으로 버려지다시피 친척 집으로 떠돌던 나는, 무관심과 관리 소홀로 아토피가 점점 심해져 갔고, 씻기고 바르고 환경을 잘 유지시켜야하는 기본은 무시된 채, 오로지 눈에 보이는 증상만을 완화할 목적으로 독한 약에 빠져 살아야 했다.

그러던 어느 날부터인가, 성가대 반주자였던 나는 순간순간 악보가 흐려짐을 느꼈고, 극심한 두통에 시달렸다. 나는 독한 피부약에 진통제까지 더해 먹기 시작했다. 그 상태로 수년이 흘러버렸다.

3월의 어느 날,

외국 선박의 선장이시던 아빠가 일 년에 한 달 정도 한국에서 휴가를 보내시던 중, 아빠와 함께 걷던 나는 바로 앞 전봇대를 보지 못하고 부딪혀 넘어져 버렸다. 밤엔 더욱 잘 보이지 않아 마치 낭떠러지 끝을 걷듯이 걸음을 내가 딛는 모습을 본

아빠는, 나를 동네 안과로 데리고 가셨고, 공부고 뭐고 때려치우고 빨리 대학병원에 가서 수술을 받지 않으면 이 아이는 시력을 완전히 잃는다는 말도 안 되는 소리를 듣게 되었다.

곧바로 나는 큰 병원에 입원했고, 정밀검사에 들어갔다. 이미 왼쪽은 손 쓸 수 없이 시야가 사라졌고, 오른쪽은 그나마 중심 시야 5%가 남아있는 정도라고 했다. 그동안 나를 괴롭혔던 두통은 안압의 급격한 상승 때문이었고, 그 안압은 메스를 대는 순간 안구가 터져버릴 정도로 심각하게 높은 상태였다. 나의 주치의는 어린 나이의 소녀가 어쩌다 이 지경에 이르렀는지 이해할 수 없다고 했다. 나는 약물로 최대한 안압을 조절한 후에야 수술실로 향할 수 있었다. 그 이후에도 두 번의 수술이 더 있었고, 백내장 수술까지 하게 되었다. 그렇게 내 빨대 구멍 속 작은 세상은 유지라도 할 수 있게 되었다. 그 작은 빛으로 학교를 마치고, 취업하고, 사랑하고, 결혼에 이르러서 끝내 세 아이의 엄마가 된 것이다.

그러나, 첫 아이 출산 후, 급격한 면역력 저하로 인해 아토피와의 2차전을 치러야 했다. 이제는 스테로이드를 쓸 수 없는 나는, 간이식 환자들이 먹는 독한 약부터 시작해서, 대학병원에 입원과 퇴원을 반복했다. 병원에서는 손발이 묶인 채 잠들어야 했고, 벌거벗은 몸으로 자외선 치료 기계를 드나들었다. 갖가지 용하다고 소문난 약들을 찾아 헤맸고, 한여름에도 모자에 마스크까지 쓰고서 기차로 강원도까지 오가며 한 가닥 희망을 찾아다녔다. 아침이 되면 난 이불에 붙어 떨어지지 않을 정도로 피부가 짓물렀고, 깊은 잠은커녕 일상생활도 할 수 없는 지경에 이르렀다.

그래도 두 아이는 엄마만 보고 있으니 진물로 붙어버린 눈을 억지로 떼어내고서 웃어줘야 했다. 지금 생각해 보면, 그런 지경에 이른 나를 여전히 사랑해 준 우리 신랑과 두 딸이 없었다면 난 극단적인 선택을 해 버리지 않았을까 싶다.

어떤 양약도 한약도 민간요법도 듣지 않는 몸뚱어리가 되어버린 나는, 평소에 즐겨 읽던 건강서에서 요료법을 알게 되었다. 정말이지 지푸라기라도 잡는 심정으로 실행에 옮기기 위해 노력했다. 하루에 세 번, 특히 아침 소변은 진해서 삼키기가 너무 힘들었지만 난 엄마로 살아가기 위해서 들이켰다. 구역질이 얼마나 나오던지, 그래도 오기로 버티며 일 년 반 동안을 신랑 몰래 실행했다. 그 당시엔 그게 왜 그리 창피했는지 도저히 신랑한테는 말을 할 수가 없었다. 지금 와서는 내가 그런 노력까지 했었노라고 자신 있게 떠들고 있지만 말이다. 내가 신랑에게도 숨긴 채, 긴 시간 동안 요료법을 실행할 수 있었던 건 아무래도 친정엄마의 덕분이었던 것 같다.

이혼 후, 내가 적절한 보살핌을 받지 못해 눈이 망가져 버렸고, 피부까지 손 쓸 수 없는 지경에 이르렀으니 친정엄마의 속도 말이 아니었을 것이다. 결혼식에도 없던 친정엄마가 첫 아이 백일 즈음부터 왕래하기 시작했다. 내가 너무 고통 속에 있으니 아기라도 봐 주시려고 오신 것이다. 나도 엄마가 되고 보니, 그 옛날 엄마의 부재로 겪어야만 했던 서러운 날들이 왠지 용서되는 것 같았다.

10여 년 만에 다시 딸을 만나게 된
친정엄마는 그야말로 헌신적이셨다.

내가 요료법을 계속하느라 힘들어하는 모습을 지켜보시고는 엄마도 자신의 오줌을 같이 마셔주셨다. 그 역겹고 힘든 과정을 아픈 딸이 혼자 하는게 안쓰러워 그렇게 긴 시간을 동참해 주신 것이다. 구역질 때문에 포기하고 싶을 때마다 친정엄마는 '뭐 먹을 만하네! 내가 이거 덕분에 허리도 안 아프고 몸이 가벼워졌나 봐.' 하시며 또나시 들이킬 수 있도록 도와주셨다.

거의 2년이 흐른 후.
기적 같은 일이 벌어졌다.

난 차츰 효과를 보이는 내 몸에 놀랐다. 그렇게 많은 돈을 퍼부어도 호전이 없던 내 피부가 진물이 멈추고, 눈이 떠지고, 잠을 잘 수 있도록 고요해지기 시작했다. 내 몸이 스스로 면역력을 되찾기 시작한 것이다. 나는 바로 반신욕 요법으로 들어갔다. 몸의 노폐물을 빼는 데에는 반신욕이 좋다는 것을 건강서에서 읽은 적이 있다. 피부가 따가워 샤워조차 하기 힘들었던 나는, 3년 동안 이틀에 한 번씩 반신욕을 했다. 처음엔 뜨거운 물에다 땀까지 흘러 상처투성이인 피부가 너무 아파서 온몸이 오들오들 떨렸지만, 차츰 피부가 매끄러워지면서 제 빛깔을 찾기 시작했다. 큰아이가 학교를 들어갈 무렵, 난 거의 일반인의 모습으로 돌아와 있었다. 정말 눈물겨운 싸움의 결과가 아닐 수 없었다.

몸이 모두 회복된 나는 셋째를 가질 수 있게 되었고, 장장 18

개월 동안 모유 수유를 했다. 그 덕분인지 그렇게 약에 찌들었던 엄마에게서 태어났음에도 불구하고 셋째는 너무나도 건강하고 예쁘게 자라주었다. 난 내 생애 마지막이 될 모유 수유를 실컷 했고 너무나도 행복했다. 젖을 빨고 있는 아기의 입은 정말 귀엽다. 별맛도 없을 것 같은 모유를 아기는 맛있게도 쩝쩝거리며 힘차게 흡수했다. 새벽잠을 설치고, 미역국, 족발 삶은 물, 가물치 고운 물로 비린내가 온 집안에 진동해도 아무상관없었다.

2020년,

첫째는 미대를 졸업하고 취업 준비로 바쁘면서도 세상 모든 멋을 다 부리는 예쁜 아가씨가 되었고, 둘째는 아나운서를 꿈꾸며 우등생 고3 생활을 하고 있다. 셋째는 중학교 2학년이라 조금 까칠하긴 하지만 엄마 생각을 제일 끔찍하게 하는 효녀다. 우리 아이들은 내 5%를 잘 알고 있다. 항상 다니는 곳의 계단 수를 외우고 다니는 나지만, 그래도 왠지 계단이 하나더 있을 것 같은 두려움에 걸음을 내딛는 걸 주저하곤 한다. 그럴 때면 우리 딸들은 나의 양쪽에서 자동으로 팔짱을 끼거나 손을 잡아준다. 그러면서 계단의 시작과 끝을 조용히 말해

주는 센스까지 갖추었다. 엄마를 배려하는 기특한 마음이다. 밤이 뇌면 그나마 보이던 곳도 헤매는 나는, 세 아이의 보살핌 속에서 안전하게 길을 걷는다. 우리 아이들은 이런 엄마를 창피해하기는커녕 감사해한다. 이런 엄마가 오래오래 자기들 곁에 있어 주기만을 바라면서.

어떤 사람들은 나를 이기적이고 무책임하다고 말할지도 모른다. 내가 5%마저 잃었을 때 남겨질 우리 세 아이는 어떻게 하겠냐고. 난 하루하루를 우리 아이들을 위해 남들보다 200% 헌신한다. 하나부터 열까지 엄마의 세심한 배려는 아이들이 자신이 하고자 하는 일을 해내는 데 많은 도움이 되어주고 있다. 늘 함께 있어 주고 대화를 들어주고 관심을 두며 전폭적인 지지를 해주는 엄마에게 아이들은 만족해한다.

그래서 이 아이들이 미래의 내 지팡이가 기꺼이 되어줄 것이라고 믿는다.

심각한 저출산 세상이 되었다.
한 쌍의 부부가 한 아이를 갖는 것도 하지 않으려는 세상.

모두 매우 급하게 돌아가고 있는 이 세상 속에서 언제 어느 때든 누구나 장애를 입을 수도 있는 세상이다. 태어나 힘들더라도 이 세상을 한 번 살아보는 것이, 태어나지 않는 것보다는 낫다. 둘이든 셋이든 서로 뒤엉켜 싸울 때가 있더라도 이 찬란한 세상을 한번 경험하게 해줄 수 있는 사람은 오로지 부모뿐이다.

내가 죽어 세상에서 사라져도 날 기억해주고 그리워해 줄 사람은 자식들밖에 없다. 부모가 병들고 아파 짐이 될 날이 있을지도 모르지만, 아이들은 함께 호흡하며 옆에서 지켜봐 줄 수 있는 부모를 원할 것이다. 난 엄청난 부자도 아니어서, 아이들이 원하는 것을 다 들어줄 수는 없다. 하지만 단란하고 화목한 우리 가정은 아이들에게 심리적 안정감을 주고, 뭐든 도전할 준비가 되어 있는 자신감과 자신과 가족을 사랑하는 자존감이 넘치는 아이로 키워냈다.

내가 30년 가까운 시간을 5%로 버텼듯이,
난 그 힘으로 앞으로 30년은 더 버텨볼 생각이다.

우리 아이들에게 모든 걸 주고 빈 깡통처럼 늙어가겠지만, 아이들이 저마다의 행복을 찾아가는 모습을 보며 흐뭇하게 받아들일 것이다. 그리고 먼 훗날 우리 아이들의 곁을 떠나더라도 그 행복했던 추억을 회상하며 힘을 낼 수 있을 거라 믿는다. 우리 아이들도 그런 몸으로 자신들을 낳고 길러준 나를 오래오래 기억해주겠지.

오늘도 나는,
5%의 세상으로 내 삶을 꽉 채우기 위해 하루를 시작한다.

7

사랑스러운
나의 사람들

에이브러햄 링컨

우리는 적이 아니라 친구다.

우리는 서로 적이 되어서는 안 된다.

감정이 상했다고 서로 애정의 유대관계를 끊어서도 안 된다.

분명 선량한 본성이 다시 기억의 신비로운 현을 튕길 것이다.

사랑스러운 나의 사람들

서헌

　　코로나바이러스19의 영향으로 힘든 시간을 보내고 있는 고등학교 3학년 학생들에게 '가정의 달'을 맞아 부모님의 사랑을 되새겨 볼 수 있는 시간을 가졌습니다. 평소 잊고 지냈던 소중한 부모님의 마음을 일깨워주기 위해, 부모님의 존재가 얼마나 큰 버팀목이 되고 디딤돌이 되는지 되돌아보는 시간이 되었으면 하는 바람으로 해마다 어버이날 전후로 수업 준비에 열성을 다하곤 합니다. 유튜브에서 동영상 네 편*을 찾아 학생들에게 보여주면서 부모님이 곁에 있는 것만으로도 얼마나 든든한지 깨우치기를 바라며 흐뭇하게 학생들의 반응을 살펴보고는 합니다.

---

* 　유튜브 영상 자료는 '부모님의 이름', '하늘 같은 든든함', '아버지', '아버지의 편지'임.

여기저기서 눈시울 붉히는 학생들을 바라보며 저마다 부모님의 사랑을 확인하는 소중한 시간이 되었을 거라고 내심 뿌듯한 마음이 들었습니다.

학생들에게 "오늘 집에 가면 너희들을 위해 묵묵히 헌신하는 아버지, 어머니를 위해 감사하다는 인사말과 함께 고마운 마음 가득 품고 꼭 안아 드려." 하면서 수업을 마쳤습니다.

그리고 수업의 연장선에서 언제나 너희들의 편이 되어 격려와 응원을 해주시는 부모님, 부모님을 대신해 따뜻하게 보살펴 주시는 조부모님께 진심을 담은 편지글을 써 오라고 지도하였습니다. 학생들의 진심이 담긴 편지글을 읽고 참 부끄러웠습니다. 행복하고 단란한 가정에서 올곧게 성장하고 있는 학생들도 대견스러웠지만, 일상적인 가정의 구성원에서 벗어나 부모님과 함께 살지 못하는 학생들이 의외로 많았습니다.

한 여학생은 고등학교 1학년 시절, 아버지가 직장에서 사고를 당하셔서 하늘나라로 가셨지만, 살아생전에 아버지가 보여주셨던 가족사랑이 정말 고마워 아버지를 대신해서 어머니에게 든든한 장녀의 역할을 잘해 내겠다고 다짐하는 글을 적어 놓

우리들의 귀하고 소중한 선한 이웃의 이야기

았습니다. 그러면서 다시 태어나도 엄마의 딸로 태어나고 싶다고, 아니 이왕이면 엄마가 제 딸로 태어나 엄마가 자신에게 준 사랑의 절반이라도 되돌려 주고 싶다는 그 마음이 아름답고 고마웠습니다.

아버지의 사업 실패와 잦은 부부싸움으로 이혼을 하게 된 가정의 한 여학생은 아버지가 밉고 원망스러워 잠을 이루지 못한 적도 많았는데, 세 편의 동영상을 보면서 아버지에 대한 미움이 조금은 누그러졌다고 저에게 감사의 편지글을 써서 보낸 학생도 있었습니다.

한 남학생은 부모님의 이혼으로 초등학교 시절부터 외조부모님 밑에서 외삼촌들과 잘 어울리지 못해 눈칫밥을 먹으며 어머니가 마냥 그리워 남몰래 눈물을 훔쳤다는 사연도 있었습니다.

늘 밝고 그늘이 없었던 학생이라 그런 아픈 사연을 마음에 담고 있는 줄은 몰랐습니다.

학생들이 솔직하고 마음 먹먹하게 하는 편지글을 읽다가 뒤

늦은 후회가 밀려왔습니다.

어버이날이 와도 아버지, 어머니에게 감사하다는 말을 전하지 못하는 학생들도 더러 있었고, 이런 동영상 수업이 누군가에게는 상처가 될 수 있다는 사실에 마음 한편이 아려 왔습니다.

고등학교 선생님이 되면서 공부를 잘하든 못 하든, 가정형편이나 주변 환경이 좋든, 그렇지 않든 우리 학생들이 행복할 수 있는 교실을 만들어 갈 거라는 바람이 컸습니다. 그러나 학생들의 진심이 담긴 편지글은 여전히 부모로부터 사랑받고 싶어 하며 다른 사람들로부터 인정받고 싶은 마음이 존재하는데 그 대상이 곁에 있지 않아 마음 아파하는 글들이 있어 안타까웠습니다. 상처받고 아픈 영혼들을 불러내어 좀 더 해맑은 영혼으로 성장할 수 있도록 격려해 주고 응원해 주어야겠다는 마음가짐을 다잡아 보는 계기가 되었습니다.

그리고 얼마 전 어머니와 병원에서 있었던 일을 학생들에게 이야기처럼 들려주었습니다.

성당에서 주일미사를 드리고, 평소에는 잘 드시지 않던 돼지

국밥을 먹고 싶다 하셔서 맛이 괜찮은 돼지국밥집으로 찾아가서 3대(어머니, 아들, 며느리, 손자)가 도란도란 이야기를 나누며 맛있는 점심을 함께하였습니다. 식당 자리에서 일어나 출입문을 나서다가 반쯤 열려 있는 문고리를 손으로 짚으시다가 그만 놓쳐 그대로 출입문 바닥에 넘어지셔서 한참을 일어나지시는 못하는 것이었습니다. 의식은 놓치시지 않았지만, 힘겹게 일어나시는 어머니를 모시고 ○○병원 응급실에 가서 진찰을 받았습니다.

X-ray와 CT 촬영을 한 후 의사 선생님이 결과를 알려 주면서 '넘어지면서 요추 5번에 경미한 충격으로 인한 일시적인 마비증세 같다고 3일간 약물치료를 하면서 외래진료를 받아 보시라.'라고 권유하셨습니다. 걸음조차 제대로 뗄 수 없으셨던 어머니를 등에 업고 승용차로 태워 오던 길에 어머니께서 하시던 말씀이 자꾸 되뇌어졌습니다.

"자는 잠에 갔으면 좋겠다. 너그들 고생 안 시키고......"

이튿날, 어머니를 모시고 예전에 허리 수술을 받았던 A 병원으로 재진찰을 받으러 갔습니다. 호전되지 않은 오른쪽 다리의 마비 증세는 이어지고 있었고, 연세가 많으셔서 수술보다는 신경 성형술로 시술하기로 하고, 입원 절차를 밟고 시술을 하였습니다. 시술은 잘 되었고, 누워 잠드신 어머니 곁에서 어머니의 구불구불 주름진 얼굴과 굳은살이 마디마디 갈라져 험한 길을 내고 있는 투박한 손을 바라보며 마음 한 구석이 먹먹해져 옴을 느꼈습니다.

정직하고 성실하게 사는 것이 삶에서 가장 소중한 삶의 미덕임을 몸소 깨우쳐 주셨던 어머니, 좋을 때나 힘들 때나 이해타산 없이 늘 함께 있어 주셨던 어머니를 떠올리다 보니 콧등이 시큰해지고 가슴이 뜨거워지면서 눈가에 잔잔한 이슬이 맺혀 왔습니다.

시술이 잘 되었는지 어떤지 모르시는 어머니께서는 가방에서 묵주를 꺼내 들면서 성모송과 주의 기도문을 조용히 읊조리는 것이었습니다. 그 애잔한 모습을 바라보면서 온몸으로 삶을 사랑하고 난 노모의 모습이 마치 영혼의 어두운 밤을 순례자처럼 걸어가는 듯한 느낌이 들었고, 속으로만 타들어 갔을 자식 걱정, 집안 걱정이 사무쳤을 것 같아서 마음이 아려 왔습니다. 그동안 어머니에게 상처를 주고 마음을 애애하게 만들었던 시간이 깊이 파인 어머니의 주름에 길을 내고 있었다는 사실에 서러움이 밀려오기도 하였습니다.

간곡한 기도를 올리고 한참이나 창가 너머 먼 하늘을 멀리 바라보시던 그 눈길이 마치 쏟아내던 빛살이 서서히 저무는 노을이 되어갈 즈음, '자는 잠에 갔으면 좋겠다.'라며 괜한 너스레를 떨면서 애써 미소 지으시고는 치러내고 감당해야 할 서러운 육신을 어쩔 줄 몰라 하는 모습이 어린아이 같기도 하였습니다.

시술 후 4시간이 지나고 나서 화장실조차 혼자 가실 수 없었던 어머니께서는 나의 부축에 의지해 걸음을 옮기시면서 해맑게 웃으며 말씀하셨습니다.

"돈이 참 좋기는 하네. 중풍이 오면 어쩌나 걱정했는데, 발 디디고 걸을 만하니 세상 편하고 좋네."

여든여섯, 어머니가 살아오신 바람 같은 세월, 그 세월 속에서 '나'라는 존재도 세상의 빛을 보게 되었고, 한 집안의 아내로서, 며느리로서, 어머니로서 편했던 시절보다 마음 속 응어리를 혼자 감내하며 살아오셨을 그 숱한 인고의 세월 속에 이제는 육신마저 자기 마음대로 가눌 수 없는 상태가 되어서도 남아있는 자식들을 걱정하시고 염려하시는 모습이 안쓰러웠습니다. 입원한 지 3일이 지나 퇴원하는 길, 어머니랑 도란도란 이야기를 나누었습니다.

"엄마, 집에 가니까 좋나?"

"좋다. 괜한 돈만 쓰고, 너그들에게 고생만 시키고."

"엄마, 나는 엄마가 내 엄마라서 좋다.
엄마 아들로 태어나서 좋다."

"와, 무슨 일 있나?"

"그냥 엄마가 좋다고,
아프지 말고 오래오래 건강하게 살았으면 좋것다."

"건강하면 좋기사 하제.
그냥 자는 잠에 갔으면 좋겠는데......"

"또, 그 소리가. 이제 울 엄마 살 만한가 보네.
맛있는 거나 사 줄게. 뭐 묵고 싶노?"

"아무거나, 니 묵고 싶은 걸로."

그렇게 긴 일주일이 지나갔습니다.

편찮으신 다리 마비 증세가 서서히 회복되어 가고 있는 어머
니를 흐뭇하게 바라보니, 특별할 것 없는 평범한 일상이 더 행
복하게 느껴진 하루였습니다.

너희들의 부모님도 그러하셨을 거라고,
부모님이 편찮으시고 일상의 험하고 궂은 일로 슬픔에 잠겨도
자식들에게는 슬프지 않을 날이 더 많이 남았을 거라고 늘 곁
에서 든든하게 응원해 주실 사람이며, 바깥에서 숱한 서러움
을 겪어도 자식들에게는 서럽지 않을 날을 더 많이 남겨주기
위해 남몰래 눈물 훔치며 헌신하실 사람이라는 것을, 그리하
여 너희와 같은 아름답고 고운 꽃을 피워 낼 줄 아는 사람이
부모님의 사랑임을 잊지 말라고 부탁하였습니다.

학생들의 진심이 담긴 편지글을 읽으면서 내가 선생님으로서 학생들에게 든든한 버팀목과 디딤돌이 되어준 것이 아니라, 학생들이 저마다의 수풀과 밀림을 헤치며 올곧은 길로 나아가려는 그 발버둥과 몸부림이 지금의 나를 있게 만든 것이라고 깨달은 그 순간, 학생들을 진심으로 대할 준비가 되어 있었습니다. 청소년 시절을 지나지 않은 어른이 없듯이, 힘겨운 시절을 보내고 있는 제자들에게 어떠한 위로와 격려가 힘이 될지를 곰곰이 생각해 봅니다.

사람은 누구나 각자의 슬픔과 아픔을 견디며 살아간다는 사실을 받아들이고, 그런 슬픔과 아픔을 애써 극복하려 들지 말고 옷에 먼지를 털어내듯이 털어내어 상처를 마음에만 담아 두지 않기를 바라는 마음이 간절해집니다.

사랑스러운 나의 사람들이 지금 살아가는 작은 우주 속에서 하늘의 별처럼 어둠 속에 빛을 발할 수 있는 존재로 거듭나기를 바라고 늘 가치 있고 행복한 삶을 발견해 나가기를 응원합니다.

하나님이 가꾸시는
희망꿈나무

66 아리스토텔레스

모든 것을 가졌다 해도 친구가 없다면,

아무도 살길 원치 않을 것이다.

하나님이 가꾸시는 희망꿈나무

신범호

　　나는 뇌 병변 2급 장애판정을 받은 좌측 편마비환자이다. 지팡이에 의존하여 겨우 몇 걸음을 옮기다가 힘겨워 주저앉곤 하는 그런 장애인이다.

내가 이글을 남기는 이유는 단 한 가지.

그간의 오만함과 게으름, 무지함으로 인하여 얻은 지금의 결과를 더는 다른 사람들이 되풀이하지 말기를 바라는 마음이 간절해서이다.

나는 한때 잘 나가던 공중파 방송프로그램 기획자였고, 연출 사였으며, 후배들로부터는 호탕하고 멋진 선배로 존경받던 뇌 섹남이었다.

2010년 7월 뇌출혈로 쓰러지기 전까지는.

장애인이 된 이후 오늘도 나는 새롭게 참여한 사진동아리에 서 강의를 듣는다. 컴퓨터 모니터와 미러리스 카메라, 강의용 책자, 노트 등이 놓인 작은 강의용 탁자에서 모니터와 강사를 번갈아 보며 강의를 경청하는 중이다. 중년의 강사는 나를 향 해 칭찬을 겸한 강평을 들려준다.

"새난 님, 이번에 올려놓으신 연꽃 사진은 예전 사진보다 색상 도 밝고, 포커싱도 처리가 잘됐네요? 구도도 좋아졌고요. 이 렇게 잘 찍으시니까 저도 기분이 좋네요."

새난은 '늘 새로 난 것처럼 신선하다.'라는 의미를 지닌 동아리 내에서의 나의 별칭이다.

나는 장애인복지관의 재활 프로그램 중 하나인 렌즈 세상에 가입하여 사진을 배운지 어언 4년 차에 접어든 아마추어 작가(?)이다. 새난이란 별칭도 이곳에서 만들었다.

칠순을 넘긴 나이인 지금, 이젠 인생의 후반기를 즐기며 살아야 할 처지이지만, 성치 못한 편마비 상태의 몸을 이끌고 식물원으로, 생태공원으로, 테마시설로 멋진 피사체가 있는 곳이라면 어디든 동료장애인들과 한데 어울려 카메라를 목에 걸고 흔쾌히 출사에 나선다.

늦게 배운 도적질 탓을 하며 날씨 변화에 개의치 않고 계절에 따라 변하는 꽃과 나무, 주변의 조형물을 대상으로 카메라의 노출과 셧더 스피드를 계산하여 가장 멋진 모양을 담으려 애를 쓰는 새로운 취미에 빠진 것이다. 이 취미가 설마 나의 인생 후반기 일과가 될 줄 누가 짐작이나 했겠는가?

쓴웃음만 흐르는 나의 현주소다. 하긴 나 정도의 노년이라면, 여기저기 나다니는 대신에 동네의 동년배들과 화투 놀이 같은 소일거리로 술잔이나 나누는 빤한 일상에 빠지기 쉬운 여건 아니겠는가? 주변에서 사진이나 찍으러 다니는 한량이라 비웃은들, 성치 못한 몸으로 뭔가 움직이는 것만으로도 잘하는

하나님이 가꾸시는 화살나무

일 아니냐고 스스로 격려라도 해줘야겠지만.

내가 뇌출혈로 쓰러진 10년 전 그날은,

우리가 흔히 상식적으로 들어왔던 온도 차 심한 날 바깥나들
이를 조심하라는 겨울철이 아닌, 온 도시를 가마솥처럼 들끓
을 정도로 한여름 더위가 기승을 부리던 2010년 7월이었고,
나는 평상시와 다름없이 일과 후에 귀가하던 도중, 이마 양쪽
을 송곳으로 찌르는 듯한 극심한 두통과 함께 혀가 목구멍으
로 말려 들어가는 기도 막힘 현상이 동시에 나타났기에, 내
나름대로는 신속하게 119에 신고하여 후속 조치를 기대했으
나 이날 따라 환자 급증에 따른 대형병원 응급실의 접수거부
와 함께, 또 다른 병원을 찾는 동안 이른바 골든타임을 놓쳤
고 좌측 편마비가 계속 진행되어 결국은 오늘날과 같은 뇌졸
중 환자가 되고 만 것이다.

나는 지금도 내가 쓰러진 날짜를 기억하고, 잊지 않으려 휴대
폰의 끝 번호를 그 날짜로 바꾸었다. 하나님으로부터 새로운
삶을 부여받은 날이기도 하니까.

방송국 일이란 게 늘 새로운 기획이란 과제에 쫓기며 살아야
만 하는 스트레스 많은 직업인 데다, 어머니 쪽으로부터 물려
받은 고혈압 유전인자가 있음을 이미 알았기에 담배도 피우지
않고 꾸준히 고혈압약을 복용하는 등 주의를 기울였건만, 뜨
거운 여름날 예고 없이 찾아온 병마에 당한 것은 지금 생각해
봐도 억울하기 짝이 없다는 생각을 버릴 수 없는 게 사실이다.

이러는 한편으로 마음 한구석에는 '날마다 성령을 거슬러서
끝까지 회개하지 않아 결국엔 양심에 화인을 받고 사단의 세
상에 삶을 저당 잡힌 것 아닌가?' 하는 신앙적 두려움 또한 슬
며시 솟아올랐음을 지금도 숨길 수가 없다.

그렇다!
내가 방종하며 뿌렸던 대로 거둔 것일 뿐이다.

물론 요즘에도 간혹 "만약, 그때 어떻게 했더라면~~"이라는
상황도 꿈꾸어보지만, 어차피 돌이킬 수 없는 처지인 걸 어떡
하겠는가?

이 일로 나는 중풍 환자가 되었다.

중풍 환자! 듣기 좋게 말해서 뇌졸중 환자라지만…. 참 지독하고 산인한 형벌을 받은 사람을 지칭하는 이류 아닌가?

제대로 예방만 한다면 절대로 이 형벌은 피할 수 있음을 알게 된 것도 이미 엎질러진 물, 되 담을 수 없다는 복수불만분이란 말처럼 재활을 시작한 지 한참 후의 일이다.

누가 됐든 살아있는 동안에는 이 병만큼은 어떡하든 피해야 한다. 나는 이제 이 멋진 세상과 하직할 때까지 어쩔 수 없이 마비를 안은 장애인으로 살아야 하므로 새삼 더욱 슬퍼지는 것을 이 순간에도 숨길 수 없다. 내 나이가 어언 70을 넘겼으니, 살 만큼 살았다손 치더라도 뇌졸중만큼은 절대로 걸려서는 안 되는 참으로 지독한 병인 것만은 알려드리고 싶다.

여기서 잠시 내가 쓰러지던 날의 상황을 돌이켜 본다.

잔병치레 없이 건강했던 가장인 내가 병원응급실에 입원해 있으니 방문하라는 느닷없는 통보를 받게 된 가족들의 황당했었을 놀람을 상상해 본다. 지금도 억지웃음 지며 되살리곤 하는 그날의 순간들.

의식도 없이, 이미 뻣뻣하게 부분 마비가 된 채로 응급실 침대에 누워있는 나를 바라보던 아내와 아이들의 심정이 과연 어땠었을까? 말로만 들었던 비참한 현실과 맞닥뜨렸으니 놀라움보다는 차라리 기가 막힐 지경이었겠지. 나중에 들은 이야기지만 이미 골든아워를 놓치고 난 후라서 서둘러봤자 별수 없다는 식의 병원 측의 사무적인 설명에 놀란 눈과 입을 닫을 틈도 없이 뇌출혈에 대한 후속 조치인 개두수술마저 순번을 기다려야만 한다는 병원 측의 설명에도 재촉 한 번 제대로 못 해보고 발만 동동 굴러야 했던 가족들은 담당 의료진이 쏟아내는 고혈압, 뇌출혈, 뇌 병변, 편마비, 머릿속에 남은 피 제거, 긴 재활 치료. 같은 낯선 단어들 앞에서 잘 아는 척 고개를 끄덕이며 들어 주어야 했었다 했다.

머릿속의 피를 없애기 위한 6시간 가까운 큰 수술을 받고 돌아온 나는 마치 척추뼈가 없는 연체동물처럼 몸을 채 가누지 못한 채 침대 바닥에 쓰러져 내렸고. 반듯이 앉아있으려는 의식은 있되 몸을 지탱하지 못해서 그냥 허물어지고 마는 나를 처음 경험한 데다, 더욱 한심했던 것은 기존에 지니고 있던 척수염의 여파로 용변의 느낌이 와도 단지 생각뿐, 제어가 되지 않아서 누워있거나 앉은 채 그대로 실례를 하는 제어 불능으로 인해서 여러 명의 환자가 함께 면 칸막이 한 장으로 겨우 차단한 채 사용하는 多人室(다인실)에서의 처음 며칠간은 참으로 나와 가족들 모두에게 지옥과 같은 상황 그 자체였다. 나는 그때 그 창피함 때문에 6계명에서 말씀하신 살인하지 말라는 말씀에도 불구하고 처음으로 자살을 골똘하게 고민했을 지경이었으니까.

하필 식사 시간 때마다 병실 환자들에게 향긋하지 못한 냄새를 맡게 한 미안함으로 도망이라도 치고 싶었을 가족들에게 시간에 아랑곳없이 나의 대소변이나 치워야 하는 치욕스러운 고통을 주면서도, 나는 재활에 적응하기 시작하는 한편, 심지어는 스스로 자괴감 때문에 불쑥 내뱉는 거친 언행으로 놀라움을 겪게 했었고, 문득문득 정신이 들 때마다 어떡하면 이 곤혹스러운 삶을 끝낼까? 하는 궁리도 은밀하게 계속했음을 고백한다.

평소에 주워들은 소문 중에서 승용차 안에서 번개탄 가스 마시고 죽으면 사체에도 변형이나 손상이 나타나지 않아서 가장 깔끔하게 죽을 수 있다는 얘기, 아파트 고층에서 화단으로 떨어져 죽기, 농약을 마시고 죽어버린 사건 등의 뉴스 보도 영상만 한껏 떠올랐고, 한걸음 떼지도 못하는 처지이면서, 신앙적인 가책이나 주저함보다는 그런 시도를 했다가 만에 하나 제대로 죽지도 못하고 살아남게 되면 어떡하나? 하는 뒷감당에 자신이 없어져 자살 시도는 뒤로 미룬 채 슬그머니 재활 치료에 매달릴 수밖에 없었음을 고백한다.

다른 동료들도 나와 같은 경험이 있으려나?
젠장 마음대로 죽을 수도 없는 병신이라니!

눈으로 보면 금방이라도 해낼 것 같은데, 막상 마비된 팔과 손으로 해보면 쉽게 따라 해지질 않는 지루한 싸움이 바로 재활이었다. 결코, 힘이 뿜어지지 않는 왼손을 이용하여 주판알 옮기기, 종이컵 옮겨 쌓기, 콩알 주워 담기 등과 힘주어 쥐어 보기, 팔, 어깨를 좌우로 옮기기 등….

여기에 더해 엎친 데 덮친 격으로 머릿속 피 제거 수술을 마쳤으니 그만 퇴원을 하라는 병원 측의 재촉이 더해졌고, 지녔던 돈마저 바닥이 나서 부득불 다른 방도를 찾아야만 하는 상황에 부닥치게 되었다. 베드로전서 1장 말씀처럼 하나님 아버지께서는 고난을 통해 단련 주시고, 믿음의 확실함으로 영혼의 구원을 받으리라는 은혜를 바라며 가족 모두 기도로써 방도를 찾았다.

어차피 장기간 재활을 받아야 할 형편이니 한 푼이라도 저렴한 지방의 병원이라도 찾아보자는 아내와 가족들의 결정에 따라 서울의 집을 처분하고 수소문 끝에 모든 게 낯설기만 한 남부 지방의 재활 전문 종합병원을 찾아 입원하게 된다. 나 한 사람 때문에 우리 가족은 뿔뿔이 헤어지는 상황에 부닥치고 만 것이다. 치열한 삶의 밑바탕이었던 나의 손때 묻은 책들은 취사 선택의 기회마저 없이 마구 버려졌고, 애장품들 또한 속절없는 쓰레기 신세가 되어 아무렇게나 버려지고 나서야 먼지처럼 가벼워진 존재, 장애인이 돼버린 나의 처지를 새삼 확인하게 된다.

새로 옮겨간 병원 측에서 다행히 치료 경험이 많다는 전담 재활치료사가 배정되었고, 그가 가르쳐주는 대로 그를 믿고 따라 함으로써 마비라는 멍에를 안은 채 평생 살아가야 하는 신세가 된 내 처지에서는 하루하루가 신세계를 접하는 신비로움뿐이었다. 육신의 질병과 함께 영혼마저 치유하시는 하나님 아버지의 사랑에 나를 맡긴 채 옷을 입고, 벗기, 신발을 신고,

벗기 같은 일상생활 필수요령과 걷기, 장애물 피하기, 뒤돌아
보기, 도움 요청하기 등등 셀 수도 없이 많은 상황별 대처요령
들을 속전속결로 배운 것이다.

그런 와중에서, 내게 남겨진 뇌출혈의 후유증에 대해서도 좀
더 알게 되는데, 내 경우는 후유증세가 왼쪽으로 나타났기에
언어 소통과 오른손 사용이 가능하다는 행운을 입어 그나마
불행 중 다행이라는 위로도 들었지만, 뇌 속에 남은 혈액량의
압박 여하에 따라 환자별로 마비의 증상 차가 심하여 나타나
재활 또한 이에 따라 더뎌질 수 있다는 사실도 새롭게 알게
된 정보라면 정보였다.

근거 없는 회복의 소망을 안고 전해 들은 이른바 "뭐가 좋단
다!." 등 때문에 병원에서 치료받는 동안에도 지푸라기라도 잡
는 심경으로 병원 측 몰래 외출하여 한의원의 침도 맞고, 경락
치료를 병행하기도 백여 차례.

그러나 성경에 적힌 것과 같은 기적은 결코 내게 나타나 주지
않았고. 신의 한 수와도 같은 '카더라' 때문에 가까운 지인에
게 천여 만 원 넘게 사기도 당하였으나 괄목할만한 회복은 결
코, 나타나지 않았다. 병의 역사가 오랜 만큼 '단 방, 한방의

완치'는 있을 수 없다는 엄연한 진실을 알게 되었으니. 그나마 처음 개두수술 후의 증상으로 무척추인간처럼 무너져 내리던 당시와 달리 지팡이를 짚고 몇 걸음씩 떼는 정도로 발전하기까지, 혼자서 눈물을 머금으며 수없이 암송했던 이사야 53장 5절 말씀!

그가 찔림은 우리의 허물 때문이요
그가 상함은 우리의 죄악 때문이라
그가 징계를 받으므로 우리는 평화를 누리고
그가 채찍에 맞음으로 우리는 나음을 받았도다

때늦게 나의 죄와 허물을 탓하며 후회했건만, 비장애인이었던 시절로의 복귀는 사실상 불가하다는 것을 인정하는 데만 무려 2년여의 세월을 허비해야만 했다.

이렇게 재활을 위한 지방에서의 2년여의 병원 생활을 마치고 '장애의 정도가 심한 장애인'이란 부연설명이 꼬리표처럼 적힌 장애인 증명서와 함께 뇌 병변 2급의 장애인 복지카드를 지참한 채 서울로 복귀한다. 이처럼 잘 걷지도 못하는 내가 2급이라면 1급은 침대 지킴이란 말인가?

차창 밖으로 보이는 서울은 내가 쓰러지기 전과 마찬가지로 여전히 활발하게 움직이고 있었고. 그 어떤 것에도 나의 현재 처지에 대한 원인을 전가할 수 없는 상황임을 받아들이는 한편 장애인이 되었다는 것을 아직 인정하기 싫었지만, 치열하게 살았기에 편안한 은퇴 후를 그려왔던 나의 꿈은 오롯이 장애인 복지카드에 담긴 채였다. 현실은 현실이었고 가족들 역시 내가 집에만 머무르기보다는 스스로 바깥출입이라도 하길 바라는 눈치를 은연중 내비쳤건만, 나를 머뭇거리게 한 것은 바깥나들이에 대한 두려움이었다.

길고 먼 횡단보도를 건너야 하는 두려움, 자신 없는 발걸음, 뒤뚱거리며 걷는 우스꽝스러운 모습에 꽂힐 시선, 등등이 외출을 주저하게 만드는 원인이었지만 "하다못해 남들처럼 장애인복지관에라도 나가서 시간을 보내라."라는 가족들의 강요와 잔소리는 나를 집 밖으로 내몰았고, 나 또한 쓰러지기 전 바삐 살았던 습관이 점차 되살아나면서, 사실상의 복귀를 시도하였다.

수소문 끝에 집에서 멀지 않은 장애인복지관을 찾아내어 아내와 함께 방문하게 되고. 집을 나서서 이동하는 그 짧은 동안에 스치는 사람들에게 건넨 '고맙습니다. 감사합니다.'가 자연스레 내 몸에 배어가는 새로운 인사 습관이 되었음을 알고 나 자신도 참 많이 놀랐음을 고백한다. 장애인복지관에 들어서기 전 알 수 없는 눈물이 울컥 맺혔었음을 아직 아내에게도 숨긴 채 나 또한 이곳을 이용해야 하는 장애인이 되었구나!

장애인복지관에서는 거의 유사한 처지이기에 서로가 창피함을 느끼지 않고 용기를 북돋우는 덕담과 안쓰러운 격려를 나누는 분위기에서 어울려 살아간다. 동등함을 느끼며 산다. 체력을 유지하며, 더디나마 재활을 돕는 유익한 프로그램 내에서 함께 활동한다. 이나마 보람을 느낄 수 있고 동화할 수 있게 된 건 이들과 한데 어울리려 노력한 재활의 결과임을 나 자신도 인정한다. 장애인이 되기 전 예방과 장애인이 된 후 재활의 노력은 그만큼 더 중요하다는 점이다

복지관 부속 식당에서 자원봉사활동을 하는 31세의 젊은 청년은 나에게 본보기가 돼주었다.

그는 8살 때 발달장애 증세가 발견되었으나 본인의 밝고 긍정적인 성격과 주변의 도움에 힘입어 초, 중, 고교 과정을 모두

마친 후 기회가 닿을 때마다 여러 모임에 참여하여 친분을 쌓고, 미처 다 배우지 못한 분야에 관한 공부를 계속하던 중 발달 장애인에게도 자원봉사의 기회가 열려있음을 알고 몇 년 전부터 동료장애인들을 위한 배식 봉사를 해온 것이다.

식탐이라 해도 좋을 만큼 먹는 것 앞에서 양보란 없이 조급함만 보이는 장애인들이 앞다투어, 나부터! 만을 외쳐대도 미소를 띤 채 "제 손이 둘밖에 없거든요? 금방 가져다드릴 테니 조금만 기다리세요." 하며 달래곤 한다.

나는 과연 저런 여유라도 있는 걸까?
스스로 물을 수밖에.

나이와 관계없이 우린 늘 배움에 게으르지 말아야 한다.

내가 참여하여 활동 중인 렌즈 세상도 바로 그런 복지관 프로그램 중 하나이다. 동료 중에는 장애를 입기 전에 사용해왔던 오른손 대신에 한 번도 익숙하게 써본 적이 없던 왼손으로 카메라를 들고, 세팅하고, 파인더를 보며 셧터를 눌러 촬영을 한다.

하나님이 가꾸시는 희망나무

이들 중에는 익숙하지 않은 손으로 서예를 시작하여 꽤 알려진 서예대전 같은 대회에서 입상한 장애인 동료도 있다. 놀라울 뿐이다. 그렇다! 예레미야 애가의 말씀처럼 기다리는 자들에게나 구하는 영혼들에 선하신 여호와께서 결코 모른 척 외면하지 않으실 거란 믿음으로 본다면 이 또한 다만 놀라우신 은혜 아니겠는가?

짧기만 한 인생,
후회할 겨를도 없이 못 이룬 꿈을 이루려 다들 열심이다. 꽃이 피는 봄부터 눈 내리는 한겨울까지 그들은 낯선 꿈을 담으려 바삐 움직인다. 나 또한 서글프게도 인생의 후반기에 장애를 입은 몸으로 원치 않았던 사진작가가 되어 간다.

나는 이런 활동에 소망 한 가지를 더 얹기로 한다.

평범한 일상 중에 깨닫고 결심한 것이다. 장애인복지관을 찾는 많은 장애인과 보호자, 가족들 스스로가 어깨를 펴고 당당하게 비장애인들과 한데 어울려 살아갈 수 있는 장애인식 확대를 펼쳐 나가는 데 도움이 되는 일에 스스로 앞장서는 재능 나눔에 나서기로 한 것이다.

복지관 홍보팀과 협업하여 장애를 입기 쉬운 분야에 대한 포스터를 만들고 그 안에 들어갈 문구와 사진을 직접 디자인하여 완성하는 일! 쉬운 일은 결코 아니지만, 첫 단계부터 하나하나 완성해 나가는 일이다. 비록 나는 골든타임을 놓쳐 장애인이 되었지만, 동료들의 개인사를 듣다 보면 참으로 어이없는 이유로 사고를 당하거나 치료 시기를 놓쳐 장애인이 된 경우가 많다.

이를 잘 활용하여 미리 예방만 할 수 있다면? 이런 생각으로 첫걸음을 뗀 것이다. 이는 내가 장애인이 되었으므로 할 수 있는 나만의 일이 아니겠는가? 장애인이 된 나지만 결코 내버려두지 않으시려는 하나님의 뜻이라 여기고 이를 감사히 받아들여 진행하기로 한다. 마치 새싹을 키워 한그루의 거대한 나무로 자라게 하려는 듯. 전나무로 커 줄지, 메타세쿼이아 나무로 자라 줄지는 순전히 하나님의 뜻에 달린 성과일 테니. 우선 일 년 계획부터 세워 실행에 들어갔다.

그렇다.
나도 결코 장애인이 되고 싶지 않았다.

하지만 복잡다단해진 삶의 환경은 누구에게나 언제든지 장애인이 될 수 있음을 강렬히 시사하고 있다. 각종 사고를 예방하기 위한 안전 수칙이 그렇게 많은데도, 매시간 여기저기서 안전사고는 왜 그리 자주 발생하며, 생명까지도 잃는 사람은 왜 그리 많은가? 오죽하면 최소한 중상이니 뭐니 하는 속된 표현들마저 흔하게 쓰이는 교통사고의 꾸준한 증가, 술이나 담배 같은 기호품에 의한 폐해에 대한 경고 표현이 더욱 잔혹해지고 있는데도, 건강진단의 필요성과 권고가 그리 많은 요즘인데도 대체 왜? 장애인들은 자꾸 늘어만 가는 걸까?

왜 일반 비장애인들은 자신도 장애인이 될 수 있다는 걸 두려워하지 않는 걸까?

여기저기 요철이 심한 도로, 건너기에는 너무 멀고 긴 횡단 도로, 턱은 높고 붙잡을 난간조차 없는 계단들, 육중한 유리문, 언제 닫힐지 모르는 엘리베이터 문, 빠른 속도의 에스컬레이터, 쉽게 이용하기 어려운 대중교통 차량도 장애인이 된 후 실감하게 된, 이동을 방해하는 주변 환경들이다.

어디 이뿐이랴?

비장애인들이 장애인들에 대해 지닌 근거 없는 선입견과 냉소적인 시선, 무신경함과 무배려 등은 열악한 환경과 함께 장애인들을 사회 밖으로 밀어내려 하는 소리 없는 차별이다.

지금 주변의 장애인들은 대부분 극히 일부 선천성 장애를 가지고 태어난 동료를 제외하고는 대부분이 건강했던 비장애인들이었으며, 각종 안전사고와 질병에 의한 후유증 때문에 오늘날과 같은 고통을 지니고 산다는 것을 알아주기 바란다. 이들은 대부분 다만 행동이 다소 불편할 뿐, 결코, 불행하다 여기지 않으며, 어려운 환경에도 불구하고, 삶을 포기하지 않고, 저마다의 희망나무를 키우며 산다는 점도 잊지 말자.

끝으로,
내가 장애인으로서 겪어본 10여 년의 실제 경험을 바탕으로 하여 예비 장애인들에게 남기고 싶은 말은 의사의 충고를 귀담아듣고, 건강 안전 수칙을 지켜 생활하면 최소한 장애인은 되지 않는다! 라는 말을 전하고 싶다. 그리고 설령 장애가 찾아온다 해도 또 하나의 희망 꿈나무를 심자고 외치고 싶다.

결코, 포기하거나 좌절하지 말자!

또 다른 사랑에 도전해보자!

사랑이 많으신 우리의 하나님께서 반드시 우리를 동행하며
응원해 주실 테니까.

나는 절대 울지 않는다.
자주 웃어 보이려 노력한다.
나의 꿈나무가 열심히 자라고 있으니까!

9

도장 세 개

66 어린왕자

네 장미 꽃을 그렇게 소중하게 만든 것은

그 꽃을 위해 네가 소비한 시간이란다.

도장 세 개

장미정

혜진이가 다른 아이들과 조금 다르다는 것은 이미 눈치를 채고 있었다. 녀석은 늘 긴장 상태였다. 걱정 가득한 얼굴에 울 것 같은 표정이었다. 수업 시간 한순간도 딴짓하지 않고 있었지만, 수업에 온전히 집중하고 있는 것은 아닌 것 같았다.

그날은 도학력고사로 교사들은 분주한 날이었다. 탈도 많고 말도 많은 일제고사는 한 치의 오차 없이 진행되었다. 결과로 학교 순위와 과목 평균이 드러나기 때문에 교사들은 신경 쓰지만, 학생들은 내신 성적에 들어가는 시험이 아니었기 때문에 다소 여유로웠다.

쉬는 시간 혜진이가 달려왔다. 영어 선생님께 자신이 제출한 답지를 확인하고 싶다는 것이다. 영어 선생님이 납시를 주자 아까 틀린 답지는 어쨌냐는 것이다. 영어 선생님이 그것은 찢어 버렸다고 하자 그 답지 좀 보여 달라는 것이다. 영어 선생님이 쓰레기통을 뒤져 그 답지를 찾고 있는데 종이 울렸다.

그녀는 다음 시험을 치러 교실로 돌아갔다.

시험이 끝나자 그녀는 다시 교무실에 와서 폐기했던 답지를 확인했다. 그리고 안도했다. 자기는 그 답지가 잘못 들어간 거 같아 불안했다고 했다. 그런데 그것이 끝이 아니었다. 종례 후 그녀는 다시 와서 제출된 영어답지를 확인했고, 영어 선생님께 돌려드리지 않고 계속 확인을 반복다.

보다 못한 담임 선생님이 "혜진아, 아까 잘못된 것은 버렸고 네가 다시 작성한 답지는 여기에 바로 넣어서 아무도 손을 대지 않을 거야. 그러니 안심해도 된다."

"잠깐만요, 선생님! 제가 또 실수로 잘못 봤을 수도 있어요. 한 번만 더 확인할게요!"

녀석을 안심시키려고 녀석 보는 앞에서 틀린 답지를 파쇄시켰으나 녀석은 막무가내였다. 밀려있는 일제고사 후속 처리를 해야 하는 선생님들은 결국 인내심의 한계를 드러내고 야단을 쳤다.

"이 녀석, 선생님이 지금 너에게 열 번도 더 보여주었는데, 뭘 또 본다고 그래? 그만 가라!"

그랬더니 그녀가 갑자기 답지 봉투를 낚아채며 비명을 지르기 시작했다. 녀석의 서슬 퍼런 광기에 선생님들은 속수무책이었다. 결국, 담임 선생님이 연락해서 학교 밖에서 기다리고 계시던 어머니가 교무실로 들어오셨다. 하지만 어머니의 등장이 녀석을 진정시키진 못했다. 결국, 어머니의 전화를 받고 출동한 119 구급대원에 의해 녀석이 병원으로 이송되면서 소란은 끝났다.

그날 우린 그녀가 심각한 상태라는 것을 비로소 알게 되었다. 그녀는 초등학교 때 왕따를 당한 이후 생긴 불안증과 우울증으로 정신병원에 다니고 있다고 했다. 언제 무슨 일이 생길지 몰라 그녀의 어머니는 온종일 학교 밖에서 대기 중이라고 했다. 그녀는 강박증이 심해지는 시험 기간이 되면 더욱 예민해져 잠도 한숨 못 진다고 했다.

그 일 이후 그녀는 정신병원에 입원해 있었다. 그녀가 오지 않는 동안 학교는 기말고사가 끝나고 내신 성적이 완료되었다. 나를 비롯한 중3 담임들은 후기 고입원서를 쓴다고 정신이 없었다. 혜진이 담임 선생님께 들으니 혜진이는 상태가 심각하여 고등학교는 진학하지 않기로 했다고 한다.

12월 어느 날 혜진이가 등교했다.
아침 일찍 한문 공책을 들고 내 앞에 나타났다.

"선생님, 제가 학교 오지 않는 동안 수행평가가 끝나서 도장을 못 받았어요."

"혜진이 건강한 얼굴로 학교로 돌아와 정말 반갑다. 그런데 성적이 완결되어 지금 수행점수를 고칠 수는 없는데… 어디 보자! 그거 100점은 아니라도 도장이 세 개 없으니 97점이야."

"……"

시무룩한 얼굴로 그녀가 돌아서 갈 때 괜히 가슴이 철렁했다. 아니나 다를까 며칠 뒤 아침, 혜진이 어머니의 편지가 내 책상 위에 올려져 있었다.

혜진이 한문 선생님께

안녕하세요?

저는 3학년 1반 김혜진 엄마입니다.
이렇게 펜을 들게 된 이유는 다름이 아니라 혜진이가 본인의 의지와는 상관없이 입원하게 되면서 한문 노트 검사를 받지 못하여 너무 속상해합니다.

저도, 받아들일 것은 받아들여야 한다고 화도 내보고 달래도 보고… 별짓을 다 해도 설득이 안 되고… 밤마다 억울하다고 가슴을 치며 웁니다.

"지필고사는 공부를 안 해서 못 봤지만, 공책 정리만은 열심히 했고, 아무리 힘들어도 결석 안 하고 끝까지 했는데…" 하면서 웁니다.

그 도장 3개가 뭐길래… 저토록 억울해합니다.

학교 규칙상 선생님께서도 어쩔 수 없다는 것 알지만 아무리 설득을 해도 억울해서 죽고 싶다고 하니 어떻게 하겠습니까?

선생님이 성적과는 상관없이 도장 3개 좀 찍어주십시오.

그리고 노트에 100점이라고 숫자 좀 적어주십시오. (형식적으로 부탁드립니다.) 그나마 좋아하는 과목 한문 선생님에게라도 인정받고 싶었던 모양입니다.

선생님 면목이 없습니다. 그러나 어찌하겠습니까?
그동안 혜진이에게 보여주신 배려와 사랑, 감사드립니다.

정신병원에 입원해서 혜진이와 함께 있으면서 제가 생각할 수 있었던 것은 오직 아이를 정상으로 만들어 인간답게 살아가게 하는 것뿐이었습니다.

혜진이가 나아서 세상을 살아가는 데 꼭 필요한… 그중에 한 가지가 한문 노트 100점 받는 거라면 도와주십시오.

선생님, 혜진이는 친구들에게 따돌림당하고 인정받지 못했던 상처가 강박증으로 나타난 것입니다. 치료에 작은 희망이 된다면… 부탁드립니다.

이 못난 엄마는 행복해하는 혜진이를 보고 싶습니다.
매일 울고 불안에 떠는 아이입니다.

선생님의 사랑을 부탁드립니다.
혜진이에게는 점수가 아니라 사랑입니다.

선생님 정말 죄송합니다.

혜진이 엄마 올림.

어머니의 절절한 편지는 나의 사려 깊지 못한 태도를 반성하게 했다. 고등학교도 갈 수 없는, 마음에 병이 깊은 아이에게 같잖게 원칙을 내세우는 꼴이라니… 녀석의 자존감을 세워주는 일이 뭐가 어렵다고 노력 한번 해볼 생각조차 안 했단 말인가. 아이를 가르치는 교사로서 부끄럽다 못해 죄스러운 마음이 들었다. 이제 얼마 안 있으면 겨울 방학이 오고 이 겨울 방

학이 끝나면 졸업이다. 그러면 혜진이는 더 학교생활이란 것
이 없는 아이나.

그럼 도장 세 개를 어떻게 찍어주면 될까?

그냥 개인적으로 불러서 노트 검사를 하고 100점이라고 적는
것은 제일 쉬운 일이지만 너무 무성의한 일이다. 어떻게 하면
그녀에게 성취감을 주고 자존감을 높여줄 수 있을까. 하지만
충분히 고민할 새가 없다. 2교시엔 혜진이 반에 한문 수업이
있기 때문이다. 마음만 분주하고 뾰족한 답이 떠오르지 않았
다. 1반의 선량한 학생 몇을 부르기로 했다. 문제 교실의 해답
은 언제나 학생들이 가지고 있기 마련이다.

"애들아, 혜진이가 병원 갔다 온 동안 한문 수행이 끝났잖아.
그런데 혜진이가 도장을 다 채우지 못해 아쉬운 모양이야. 그
래서 오늘 혜진이 기분 좋게 도장 채워주려고 하는데. 어떤 방
법이 제일 좋을까?"

녀석들은 언제나 나를 실망시키지 않는다. 머리를 맞대고 진
심으로 함께 고민해준다.

"저번처럼 문제 맞히기 게임을 하고 발표한 사람 도장 찍어주시면 어때요?"

"그거 좋네, 그런데 혜진이가 발표를 잘 안 할 것 같은데…"

"모둠을 정하고 누군가 발표를 하면 그 모둠 전체에게 도장을 주시면 되잖아요!"

"그거 좋네, 오늘 고사성어 수업할 건데 괜찮겠다."

"저희가 자리를 바꿔서 혜진이네 모둠 쪽으로 가서 열심히 활동하겠습니다!"

더 자세한 작전을 짜기도 전에 수업 종이 울리고 있었다. 녀석들의 선의와 순발력을 믿어보기로 하고 녀석들 자리 옮길 시간을 벌어주기 위해 5분 정도 시간을 끌다가 수업하러 갔다.

"얘들아, 오늘 고사성어 수업에 활동 도장 좀 찍어주려고!"

"예? 수행평가 다 끝났는데, 도장이 무슨 의미가 있어요?"

아니나 다를까 눈치 없는 몇이 시큰둥한 반응을 보였다. 그때 작전팀이 활동을 개시했다.

"뭐 꼭 수행평가로만 찍냐? 우리 졸업하면 이런 것도 못 하는데, 재미지 재미!"

"맞아요! 도장 획득하는 거 진짜 재미있어요!"

"맞다! 저렇게 긍정적인 마인드가 필요한 거야. 도장은 모둠별로 주고 제일 열심히 한 모둠은 내가 상으로 초코파이 한 개씩 줄 거야!"

"그럼 모둠은 어떻게 해요?"

"시간도 없고 하니 그냥 앉은 자리에서 분단 별로 하자!"

"그럼 좋아요! 우리 모둠 잘해보자!"

몇의 눈부신 활약으로 분위기는 후끈 달아올랐다. 시작하기 전에 스윽 훑어봤더니 작전팀이 혜진이 앞과 뒤에 포진해 전의를 다지고 있었다.

"유방과 한우의 고사에서 유래되어 사방이 적에게 둘러싸여 완전히 고립된 상황을 나타내는 고사성어는?"

"저요!"

첫 번째 문제는 기말고사 범위였던 거라 아이들이 제법 손을 많이 들었다. 당연히 혜진이 모둠을 시켜야 한다.

혜진이 뒤에 승주가, "사면초가!"했다.

내가, "정답!"

하고 외치자 혜진네 모둠이 환호성을 질렀다. 기회를 놓친 다른 모둠이 아쉬워했다. 칠판에 혜진네 모둠에 하트가 하나 그려졌다. 혜진이를 쳐다보니 표정이 살짝 밝아졌다.

"이건 우리나라 조선 시대를 배경으로 한 고사성어인데, 한 번 간 사람이 영 소식이 없을 때…"

말이 채 끝나기도 전에 "저요! 저요!"

하지만 이미 선택받을 모둠은 정해져 있었다. 이번에는 혜진이 짝 진주를 지목했다.

"함흥차사입니다!"

녀석이 정답을 맞히자 다른 녀석들이 실망하는 표정이 역력했다.

"정답!"

그러자 혜진이네 모둠이 환호성을 질렀다. 진주가 자연스럽게 여기저기 하이파이브를 하더니 혜진과도 하이파이브를 시도했다. 얼떨결에 하이파이브를 한 혜진이 얼굴이 조금 더 환해졌다. 칠판에 혜진이네 모둠에 하트가 또 그려졌다.

"다음 문제는 형설지공에 대한 것인데…"

문제를 다 내기도 전에 성미 급한 다른 모둠의 지율이가,

"가난 속에서도 성공한다는 거 아닌가요?"

"맞는데, 문제를 끝까지 들어야지… 형설지공은 가난 속에서도 열심히 공부하여 성공한다는 성어인데… 여기에 등장하는 이 형(螢)은 어떤 벌레일까요?"

고사성어의 뜻만 질문할 것이라 예상했던 아이들이 다소 당황하는 사이 혜진이가 손을 번쩍 들었다. 혜진이가 손을 드는 일은 흔치 않은 기회이기에 주저 없이 그녀를 지목했다.

"그래, 혜진이가 발표해 봐라!"

"바퀴벌레!"

그녀가 바퀴벌레라고 하는 순간 아이들이 웃었다. 녀석의 얼굴이 빨갛게 물들었다. 괜히 시켜서 그녀에게 상처만 주게 되면 어쩌지… 정말 난감한 순간이었다.

그때 바로 뒤에 넉살 좋은 성우가,
"나도 바퀴벌레인 줄 알았는데… 너도 그랬구나!"

그 앞에 진주가, "나도 벌레라고 하는 순간 바퀴벌레가 제일 먼저 떠오르더라고!"

그 앞에 은지가, "알았다! 너희가 바퀴벌레라고 하니까 생각났다. 정답은 개똥벌레죠?"

"정답!"

작전팀의 활약은 정말 눈부셨다. 위기가 닥칠 때마다 그들은 빛나는 능력을 보여주었다. 은지가 혜진에게 속삭였다.

"너 덕분에 맞혔어!"

녀석들이 공감해주고 편들어주자 혜진이 얼굴은 다시 평온해졌다. 칠판에 적힌 혜진네 모둠에 하트가 또 그려졌다.

"샘! 왜 자꾸 쟤네만 시켜요? 우린 손 들어도 안 시켜주시고?"

"어? 내가 그랬나? 저쪽 아이들이 원체 손을 빨리 드니까 그렇지?"

"우리도 시켜주세요!"

"좋다! 혜진네 모둠이 너무 앞서가니까 이제 다른 모둠도 기회를 줘야겠다!"

도장 세 개는 이미 획득했으니 마음이 느긋해진다. 티 나지 않게 다른 모둠도 발표할 기회를 준다. 칠판은 여러 모둠이 획득한 하트로 화려하다. 마무리를 지을 시간이 다가오고 있었다. 혜진 뒤에 승주가 살짝 공책을 들어 올렸다. 거기엔 '동병상련'이라 적혀있었다. 승주와 나의 눈이 마주쳤다. 녀석이 눈짓을 했다.

"이제 마지막 문제를 낼게. 이 문제를 맞힌 모둠이 초코파이를 먹게 될 가능성이 높네. 마지막 문제는 수업 시간 배우지 않은 거라서 난이도가 조금 있는 거야. 그래서 도장을 세 개를 걸겠어."

"아하! 좋아요."

하트가 부족한 모둠의 아이들이 기대감으로 술렁였다.

"이 고사 성어는 같은 처지에 있는 사람들끼리는 서로 이해하고 위로해준다는 뜻이야."

그때 혜진이가 확신에 찬 얼굴로 손을 번쩍 들었다. 평소에 볼 수 없는 표정이었다.

"혜진이만 손을 들었네! 이 어려운 걸 안다고?"

"동병상련!"

"동병상련! 맞다!"

혜진네 모둠이 모두 환호성을 질렀다. 혜진이 얼굴에 뿌듯함이 어렸다. 진주가 벌떡 일어나 혜진이 손을 들고 흔들었다.

"와, 대박! 혜진이 덕분에 우리 모둠 초코파이 먹겠네!"

"혜진이, 너 그렇게 어려운 고사 성어 어떻게 알았어?"

"혜진이 정말 대단하다. 우와 한꺼번에 도장 세 개라니!"

"이제 게임 끝! 다들 도장 판을 펴놓으세요. 도장 찍으러 갑니다!"

난 혜진이 도장 판에 도장을 꾹꾹 눌러 찍어주었다.
하트가 선명하게 드러나도록!

그리고 붉은색 색연필로 크게 100점이라고 적어주었다. 오늘 수업은 이 순간을 위해 달려온 것이었다. 정말 멋지게 활약해준 녀석들에게 진심으로 하트를 날리고 싶은 날이었다. 혜진이가 100점이란 글자를 바라보며 너무 행복해하니 괜히 코끝이 찡하다. 이 이벤트를 성공적으로 만들어낸 작전팀의 얼굴에도 뿌듯함이 가득하다. 나나 아이들에게 누군가를 기쁘게 한다는 것이 이렇게 충만감으로 벅찬 일이란 것을 경험한 소중한 시간이었다.

수업 시간이 5분 남았다. 그런데 이 시간을 그냥 흘려보내기 아깝다. 이 짧은 5분도 누군가에게는 아주 오랫동안 추억할 멋진 순간일 수 있기 때문이다. 세상에는 옹졸하고 이기적인 친구들만 있는 것이 아니다. 선량하고 따뜻한 친구들이 얼마든지 있다는 것을 느끼게 해주고 싶다.

내 편이 되어 주는 좋은 친구 덕분에 상처가 조금이라도 치유되면 좋겠다.

"시간이 5분 남았는데 우리 종이 뭉치 던지기 게임 해 볼까?"

난 분필을 들고 교실 한중간에 선을 주욱 그었다.

"여기를 중심으로 편이 나눠지는 거야. 이쪽 팀은 저쪽으로, 저쪽 팀은 이쪽으로 종이 뭉치를 던지면 된다. 제한 시간은 딱 30초야. 30초 후에 종이 뭉치가 자기 진영에 적게 남은 팀이 이기는 거야! 그러니 생각하지 말고 마구마구 던지면 되는 거야"

난 준비해간 종이 뭉치를 서른 개씩 양 팀 진영에 쏟아부었다. 머뭇거리던 혜진이가 누군가의 손에 이끌려 자리를 잡자마자 난 게임의 시작을 알렸다.

게임의 힘은 대단해서 녀석들은 긴장감을 풀고 신나게 종이 뭉치를 던진다. 혜진이도 신나게 종이 뭉치를 던지고 있다. 몇 작전팀이 시키지도 않았는데 혜진에게 날아오는 종이 뭉치를 온몸으로 막아주고 있다. 겁 많은 혜진이가 믿음직한 친구 방

패 속에서 신나게 종이 뭉치를 던지고 있다. 땀을 뻘뻘 흘리면서 말이다. 아마도 난 오늘 이 수업을 자주 떠올리게 될 것 같다. 쉬는 시간에 작전팀이 종이 뭉치를 정리해서 바구니에 담아 내려왔다.

"승주, 동병상련 어떻게 적은 거야?"

"혜진이 날마다 메모하는 수첩 제목이에요! 다른 건 몰라도 그건 알 것 같아서…"

"오늘 너희 정말 끝내주던데! 이 샘은 너희들이 존경스럽다."

"오늘 정말 좋았는데… 그동안은 왜 이런 생각을 못 했을까요? 그게 너무 아쉬워요!"

난 때로 학생들에게 배우고 학생들에게 감동한다.
내가 그들의 선생님이라서 참 행복하다.

하니(CCM 가수)의 '행복'

화려하지 않아도 정결하게 사는 삶

가진 것이 적어도 감사하며 사는 삶

내게 주신 작은 힘 나눠주며 사는 삶

이것이 나의 삶의 행복이라오

눈물 날 일 많지만 기도할 수 있는 것

억울한 일 많으나 주를 위해 참는 것

비록 짧은 작은 삶 주 뜻대로 사는 것

이것이 나의 삶의 행복이라오

기독교 CCM 음악의 한 가사입니다.

퇴근하는 길에 차 안 라디오 극동방송을 듣고 있다가 이 노래가 나올 때 마음 한구석에 감사의 고백을 잃어버렸던 저의 모습이 생각났습니다.

작은 일에도 감사하는 일.
그리고 우리의 이웃을 사랑하는 일.

한 번뿐인 인생.
우리 주변의 이웃을 사랑하고 섬기면
우리의 인생은 후회가 없을 것 같습니다.

내 이웃.
우리의 가족.

조금만 더 이해하고

조금만 더 희생하고

조금만 더 배려하고

조금만 더 인내하면

우리로 인하여 우리 주변이 참 좋은 사람들로 가득하다는 것
을 느끼게 됩니다.

이 일에 우선 저부터 먼저 실천하겠습니다.

이웃을 사랑하는 일에 절대 소홀히 않으며
내일로 미루지 않겠습니다.

당신이 있어 오늘 하루도 참 행복합니다.
감사합니다.

평범한 사람들의 위대한 이야기

초판 1쇄 인쇄   2020년 11월 13일
초판 1쇄 발행   2020년 11월 30일

지은이   평범한 사람들

펴낸이   이현진
기 획   정민선 이현진
삽 화   이화선 작가
디자인   최수정 @dalflowers

펴낸곳   도서출판 선한이웃
주 소   (우)35230 대전광역시 서구 둔산로 8, 804호
전 화   070-4693-1371   **팩 스**   042-252-7710
메 일   goodneighbor2020@naver.com
블로그   blog.naver.com/goodneighbor2020

ISBN   979-11-972047-0-8